Miki Sakamoto

Lichtwechsel

Miki Sakamoto, geb. 1950 in Kagoshima (Japan), studierte in Tokio Klassische Japanische und Chinesische Literatur sowie Kulturanthropologie (M. A.) in München. In Japan schrieb sie für verschiedene Zeitungen, ab 1974 lebte sie in München und verfasste neben japanischen Haikus und deutscher Lyrik (erschienen u. a. in *Akzente*) Werke über München (*Münchner Freiheit*) und ihre Großmutter (*Die Kirschblütenreise*). Zuletzt legte sie die beiden poetischen Ratgeber *Eintauchen in den Wald* (hanserblau 2019) sowie *Zen und das Glück, im Garten zu arbeiten* (Aufbau 2021) vor. Sie lebt mit ihrem Mann, dem Biologen und Bestsellerautor Josef H. Reichholf, bei München.

Alle Rechte vorbehalten
© Weissbooks Verlagsgesellschaft mbH, Berlin 2021
Coverillustration: Johann Brandstetter
Umschlag, Gestaltung und Satz: Anne Dreesbach und Makoto Watanabe
Druck und Bindung: Friedrich Pustet GmbH & Co. KG
ISBN 978-3-86337-182-1
www.weissbooks.com
info@weissbooks.com

Miki Sakamoto

Lichtwechsel

Gedichte und Miniaturen

Deutsch / Japanisch

Weissbooks

Meine Gedichte –
eine Vorbemerkung

Meine Muttersprache ist Japanisch, die praktizierte Deutsch. Auf Deutsch pflege ich zu denken und oft auch zu schreiben. Außer, die Gedanken flossen auf japanischen Wegen durchs Gehirn, die in Kindheit und Jugend geprägt worden waren. Lebe ich damit in zwei getrennten Welten? Soll ich sie getrennt halten, um die eine Identität nicht zu verlieren und die andere nicht zu gefährden? Ich weiß es nicht. Das tägliche Leben geht ohnehin darüber hinweg.

Aber plötzlich sind sie da, die Brücken, die getrennt halten und doch verbinden. Sie kommen zustande, wenn ich Gedichte formuliere. Subtil, anfangs völlig unbemerkt, formen sie sich aus Erlebtem heraus, meistens draußen in der Natur, selten direkt am Schreibtisch, wo ich sie ausformuliere. Wie Melodien, deren Töne ich als solche nicht wahrnehme, steigen sie auf, werden zu Wörtern, zu Sätzen oder Begriffen und fügen sich zusammen zu einem Sinn.

Dieser ist zunächst nur mir zugänglich. Erst wenn ich das Gedicht geschrieben habe, erkenne ich es als solches und versuche es zu verstehen. Ich fange an zu begreifen, was es besagt, und spüre, was es für mich bedeutet. Natur lässt sich schwer in Worte gliedern. Sie ist eine Ganzheit. Im Gedicht muss ich sie zerlegen und mit den Zeilen oder über Strophen festzulegen versuchen. Diese sind mit den Empfindungen in Einklang zu bringen, auf dass sie Szenarien formen. Und Gedankenbilder aufbauen; Bilder, die den „tieferen Sinn" enthalten, den ich empfunden hatte. Bilder, in denen die Worte Klänge bekommen, Melodien und Nachhall. In diesen bildhaften Momenten versuche ich, das Erhabene festzuhalten, das in der Natur auf mich gewirkt hat. Aus großen Szenerien heraus, wie auch aus dem winzigen Detail.

Die Brücken erkenne ich bei meinen Versuchen, zu übersetzen. Das hier und jetzt Empfundene und Formulierte soll den Gleichklang in der anderen Denkwelt des Japanischen bekommen – oder umgekehrt, wenn sich das Gedicht daraus entwickelt hatte. Die Unzulänglichkeiten der Übersetzung erzeugen oft ein Gefühl der Hilflosigkeit. Ich bin dem einen oder dem anderen Sprachbereich ausgeliefert, zu unterschiedlich sind Strukturen und Ausdrucksformen. Manche Brücken werden stabil genug fürs Überbrücken, andere verflüchtigen sich als Trugbilder. Häufig schauen deshalb meine Gedichte nur hinüber in die andere Welt. Und ich zittere vor dem Gedanken, dass sie in dieser nicht bestehen können. Weil sie die Poesie des längst vergangenen Augenblicks nicht zu übertragen vermögen. Wie das oft auch im täglichen Leben geschieht. Dennoch, oder gerade deswegen, versuche ich sie mir zu erhalten, diese beiden Welten. Jede ist auf ihre Weise gehaltvoll und unverzichtbar.

Meine Gedichte entspringen, wie wahrscheinlich auch bei anderen Menschen, aus Stimmungen. Die Umstände erzeugen sie. Bei Naturgedichten sind dies Ereignisse in der Natur, Erlebnisse, die das bloße Betrachten durchdringen und in der Tiefe wirksam werden lassen. Sie bilden den Hintergrund, oft sogar ganz unmittelbar die Bühne, auf der sich die Worte zusammenfinden. Die beigefügten, mehr oder weniger kurzen Erläuterungen sollen verdeutlichen, wie das betreffende Gedicht oder die Haiku-Zeilen zustande gekommen sind. Das könnte, so hoffe ich, das Verständnis erleichtern. Dabei bin ich mir sehr wohl bewusst, wie reizvoll es ist, Ungesagtes in der Schwebe zu lassen. Im Haiku ist dies sogar grundlegend wichtig. Was sie ausdrücken (können), sollte nicht vorgegeben werden, sondern das freie Spiel der Gedanken zulassen. Eine einzige Zeile von 17 Silben muss reichen. Ein Rätsel für Nicht-Japaner. Gedichte sind etwas so Persönliches, dass Erläuterungen genug davon offenzulassen haben. Sie können und sollten nicht alles sagen. Mir helfen die kurzen Texte, die Erinnerung an die Situationen und die mit ihnen verbundenen Stimmungen aufrechtzuerhalten. Damit gehören sie für mich zu den Gedichten.

Pfade im Schnee

雪の中の小径

Nun fordert die Sonne
die Haubenmeisen
zum Singen auf
und ihre glühenden Triller
perlen im Chor
hinweg über den Schnee
des Waldbodens

Einander nicken wir zu
in stiller Freude
und Erwartung
des Aufblühens der Natur

Noch liegt Schnee im Wald an der Isar südlich von München. Knöchelhoch, stellenweise kniehoch, denn es hatte im Januar stark geschneit. Dunst lastet darüber, wie erstarrt in der bodennahen Kälte. Die Kiefern stehen weit auseinander. Sie sind krumm gewachsen. Ihre kleinen Kronen tragen nur wenige Nadeln. Der Boden, Schottermassen, die von der Isar aus den Bergen ins Vorland geschoben worden waren, ist sehr kalkhaltig, sehr trocken und daher auch in regenreichen Sommern unfruchtbar. Sie wachsen langsam, die Kiefern, wie natürliche Bonsaibäume. Doch so mager, so dürftig sie auch aussehen, sie bergen ein wisperndes Geheimnis. Haubenmeisen durchsuchen ihre Kronen. Diese Vögelchen mag ich sehr gern. Sie sind nicht scheu. Sie turnen auch nicht besonders akrobatisch. Aber sie zeigen ihr Interesse oder ihre Aufregung dadurch, dass sie die etwas verlängerten Federn am Hinterkopf aufrichten. Das lässt sie irgendwie witzig, ja vorwitzig aussehen. Dazu geben sie ein unverkennbares „zigürrrr" von sich. Es klingt beruhigend und anregend zugleich, wie das Brabbeln eines Babys, wenn es frühmorgens nach gesundem Schlaf erwacht. „Zi-gürrr", ja, da sind sie wieder, die kleinen Haubenmeisen. Zwei; ein Paar wahrscheinlich. Was sagen ihnen die wechselnden Muster aus Federzeichen, wie mit Tusche geschrieben, wenn sie ihre Haube aufrichten? Sie verstehen diese, weil sie einander im Auge behalten. Mir machen sie reine Freude.

Kreuzotter

ヴィパー

Am Pfade
lag unbeweglich
die Otter

Und mein Herz
raste laut
vor Freude

Auch hier erwachte
im Stillen ein Leben
Es ist Frühlingsbeginn

Schlangen begegnen wir höchst selten einmal draußen in der Natur. Sie sind rar geworden, aber nicht nur, weil sie aus blinder Schlangenfurcht und Unkenntnis totgeschlagen wurden, sondern auch weil es kaum noch Orte gibt, an denen sie leben können. Überfahrene, platt gedrückte oder in noch zuckende Stücke zerteilte Schlangenkörper finde ich bei meinen Waldgängen immer wieder. Die Fahrzeuge sind darüber hinweggebraust, als sich die Nattern auf den besonnten Forststraßen aufwärmten. Schlimmer noch sind die Radfahrer, die darauf durch den Wald rasen, ohne auf Kleingetier auf den Wegen zu achten, als wollten sie an der Tour de France teilnehmen. Sicher ist es für die Schlangen nicht einmal auf stark wurzeldurchsetzten Waldwegen. Mountainbiker befahren abgelegene Pfade. Auf solchen fand ich zerquetschte Schlangenleiber, die Köpfe mit weit aufgerissenem, wie im Schrei erstarrtem Maul.

Schwänin

白鳥

Die Schilfinsel im Flutlicht der Frühlingssonne
Goldene Aura um Weiß
die Schwänin auf ihrem Nest
Vogelgesänge vom Auwald
mein Atmen schwingt sich hinein
in den Rhythmus der quellenden Lieder

Ein spitzer weißer Kegel ragt wie eine Boje inmitten der Lagune aus dem Wasser. Kleine Wellen breiten sich von dort kreisförmig aus und verebben nach wenigen Metern. Sie glänzen auf in der Frühlingssonne. Der Fluss strömt jenseits des breiten Bandes aus braunem Schilf wie mit flüssigem Gold überzogen dahin. Der Himmel ist föhnblau. Plötzlich kippt der weiße Kegel und legt sich aufs Wasser. Bogenförmig steigt ein dünner Hals auf. Der Schwan, der vom Grund der flachen Lagune Wasserpflanzen abgeweidet hatte, schüttelt den Kopf. Tropfen perlen von seinem roten Schnabel. Ein Büschel Wasserpflanzen liegt vor ihm. Stück für Stück verzehrt er sie. Dann reckt er den Hals und hebt die Flügel an. Wie Lohengrins Schwan gleitet er über die Lagune, vorbei an Enten und schwarzen Blesshühnern. Sie beachten ihn nicht. Doch nun schwimmt er mit kräftigen Stößen. Bugwellen gehen von seiner Brust aus. Mit heftig schlagenden Flügeln erhebt er sich und läuft übers Wasser. Laut klatscht es auf. Wie ein Echo kommt vom anderen Ende der Lagune ähnliches Klatschen zurück. Jetzt erst erkenne ich, was mir das starke Gegenlicht verborgen hatte. Auch dort laufen drei Schwäne übers Wasser. Aber sie fliegen nicht entgegen, sondern drehen in geringer Höhe ab und wenden sich hinaus zum Fluss. Das Brausen ihrer Flügel verebbt. Der Schwan, der sie vertrieben hat, kehrt zurück und landet mit weit vorgestreckten Beinen, dass das Wasser nur so aufspritzt.

Nach der Landung wirft er sich in die Brust, steht auf, als wollte er auf dem Wasser weitergehen, reckt den Hals senkrecht in die Höhe und schlägt mit den Flügeln. Ein Bild des Triumphes. Ich bin beeindruckt. Minuten später herrscht wieder Ruhe; goldene Ruhe unter dem Licht der Sonne, die mich nun fast zu sehr blendet. Meine Augen weichen aus.

Am Ufer bemerke ich einen ovalen weißen Fleck auf einer kleinen Schilfinsel vor dem Röhricht. Durchs Fernglas erkenne ich, dass es die Schwänin ist. Sie liegt auf ihrem Nest, den Hals leicht geschwungen auf den Rücken gelegt. Sie brütet. Ich suche eine Stelle, wo mir nur wenige Schilfhalme ins Blickfeld ragen. Karminrot leuchtet ihr Schnabel. Am Ansatz zur Stirn trägt er eine dicke, nach vorn gerichtete und glänzend schwarze Knolle. Die Schwänin ist alt, vielleicht schon zehn Jahre oder noch älter. Seit Jahren hat dieses Paar das Brutrevier hier an der Lagune. Der Uferstreifen ist unzugänglich. Das Wasser davor ist zu flach zum Angeln oder um mit dem Boot zu fahren. Schwäne sind nicht scheu, aber Menschen wollen sie in der Nähe ihres Nestes nicht haben. Das Nest ist ihr Intimbereich. Sie verteidigen es gegen Füchse, sogar gegen Hunde. Wie später auch ihre Jungen, wenn sie mit ihnen draußen auf dem Wasser unterwegs sind. Dann drohen sie sogar Menschen unmissverständlich an. Wiederholt habe ich das selbst erlebt.

Heute fasziniert mich aber der Kontrast zwischen der Aggressivität des Schwans, der sich, ohne zu zögern, auf die Übermacht der drei anderen Schwäne stürzte und sie mit der Wucht seines Auftritts erfolgreich verjagte, und dem tiefen Frieden, der die Schwänin auf dem Nest umgab. Während ich sie durchs Fernglas betrachte, wird mir fast meditativ zumute. Sie vertraut der Kraft ihres Partners; sie fühlt sich in Sicherheit. Vom Licht umflutet darf sie sich der Sonnenwärme hingeben, dösen und vielleicht, wer weiß es, vor sich hinträumen. Mich hat sie gewiss längst gesehen, aber für harmlos eingestuft. Zu ihrer Intimsphäre halte ich die gebotene Distanz. Mein bewunderndes Betrachten stört sie nicht. Aber als ihr Mann näher schwimmt, reckt sie den Kopf, blickt zu ihm hinaus, erhebt sich, legt ein paar Federchen auf die Eier und gleitet geräuschlos hinaus ins Wasser. Sie gönnt sich eine Auszeit, denke ich, ohne zu wissen, ob das Brüten anstrengend ist. Was sie tut, wirkte nun irgendwie ernüchternd auf mich. Sie fängt einfach an, nach Wasserpflanzen zu gründeln. Sie hat Hunger und nimmt sich Zeit für eine Art Brunch am späten Vormittag. Das Singen der Rotkehlchen, Buchfinken und Zilpzalpe, das mir die lichtvolle Atmosphäre an der Lagune akustisch umrahmt, nimmt sie wohl nicht zur Kenntnis. Ich denke an das Stück „Schwan" im *Karneval der Tiere* von Camille Saint-Saëns und an *Schwanensee* von Tschaikowski. Die Wirkung der Schwäne auf uns Menschen kann tief gehen, tief hinein ins Musikalische.

Kokedera

苔寺

Moosgarten in Kyoto
Es roch grünlich, feucht und warm
Variationen von Pflanzenformen
gestalten die Architektur
auch ohne zu blühen sind sie farbenfroh
in den verschiedensten Tönen von Grün

Doch das tiefwachsende Moos
ließ mich im letzten Moment
den Schmerz verspüren
über die Vergänglichkeit dieses Augenblicks
als die Bäume ihren Schatten warfen

Es roch nicht mehr grünlich
Architektur und der Glanz der Moose
sie verschwanden im scharfen Licht des Mittags
auf meinem Heimweg zur Erinnerung

Zu den besonderen Schätzen meiner Erinnerungen gehören Besuche des Moosgartens Kokedera in der alten Kaiserstadt Kyoto. Lang ist es her. Szenerie und Empfindungen sitzen dennoch tief. Moose bestimmen in diesem am Westrand von Kyoto gelegenen Garten das Aussehen und die Atmosphäre. „Es roch grünlich, feucht und warm", notierte ich. Diese einzigartige Kombination von Gerüchen ist es, die mir die Erinnerung eröffnet. Immer noch und immer wieder. Bilder formen sich: Steine, Bäume, Wasser; ein Zen-Garten, der in der europäischen Märchenwelt gewiss als verwunschener Garten geschildert werden würde. Doch ganz im Gegensatz dazu verliert man sich im Kokedera nicht im Geheimnisvollen. Vielmehr wird eine einzigartige Harmonie schon nach kurzer Betrachtung fühlbar. Im Zen-Buddhismus bringt sie uns auf den Weg zur Selbstfindung.

Kokedera hatte der große Zen-Meister Musō Soseki im Jahre 1339 gestaltet. Auch in Japan und China war diese Spätzeit des europäischen Hochmittelalters kulturell eine große Zeit. Die vorhandene Naturlandschaft bei Kyoto nahm Soseki als Vorbild, imitierte sie aber nicht. Er nutzte sie als Rahmen für die neue Harmonie, eine perfekte ohne Brüche, ohne Wildheit. Die Besonderheit bilden die Moose mit den weichen Formen ihres Wachstums, die nicht so zugeschnitten werden müssen wie Bäume, die Kunstwerke werden sollen. Mit ihren Nuancen von Grün, die von dunkler, fast schwarzer Tönung in Schattenlagen bis zu freundlich hellem Gelbgrün reichen, kommt eine faszinierende Farbigkeit aus einer einzigen Farbe heraus zustande. Das Grau der Steine und ihr zarter, kaum erkennbarer Bewuchs mit Flechten bilden den harmonischen Kontrast zu diesen Variationen in Grün.

Als Schülerin ging ich in den Ferien mitunter fast täglich in den Moosgarten. Seine Farben und Formen fördern das subtile Betrachten, das verweilt und wahrnimmt, was dem flüchtigen (Über)Blick verborgen bleibt. Die für mich geheimnisvollen, damals nicht verstandenen Empfindungen hätte ich nicht in Worte fassen können. Ich erahnte weder die Vollkommenheit dieser besonderen Gartenkunst, noch erschloss sich mir der Sinn der Lehre des Meisters, die im Garten mit Moos geschrieben worden war. Die Botschaft blieb erhalten, obwohl im 15. Jahrhundert, als es auch in Ostasien ähnliche gesellschaftliche Turbulenzen wie in Europa gab, manche Strukturen zerstört und sinnfremde Elemente in den Garten eingebracht wurden. Später erstand die ursprüngliche Form wieder. Zu wirkmächtig war die Botschaft von Meister Soseki. Die Zauberhaftigkeit des Moosgartens erlebte ich als Kind wie ein Märchen. Ich erzitterte vor dieser Schönheit und bildete mir ein, allein darin zu wohnen. Wenigstens für Augenblicke. Im moosgrünen Schatten stehend und in Kontemplation versunken, traf mich plötzlich das volle Licht der Sonne. Wie durch Blitzschlag warf es mich in die Gegenwart. Nie spürte ich die Vergänglichkeit schmerzlicher als in jenem Augenblick im Moosgarten von Kyoto.

Als ich viel später, und aus Europa zurückgekommen, erneut Kokedera betrat, und dabei sogar für einige Zeit allein sein konnte, stieg die Erinnerung wieder auf.

Nachtigallen
an der dalmatinischen Küste

ナイチンゲール

Das Meer quoll auf
Im Schatten von Pinien und Steineichen
übergaben Nachtigallen ihre Melodien
in leidenschaftlicher Wonne
dem wohltuenden Winde
Sie strömten herbei zu
meiner atemvollen Erwartung
in natürlicher Anmut

Wir sitzen im Schatten einer Pinie und schauen hinaus auf das Kobaltblau der Adria. Die ankommende Flut schäumt weiß auf. Jede Welle rückt etwas näher an das felsige Ufer. Spielerisch verlockend, wie ein Angebot des Meeres, denn der Unterschied zwischen Ebbe und Flut bleibt gering.

Es ist nur das Aufrauschen, das die Flut ankündet. Ein anderes, beständigeres und unrhythmisches Rauschen trägt der Wind vom Land her. Von den Hügeln herunter fließt er und kühlt so angenehm. Das Rauschen stammt vom dürren Laub der Steineichen.

Urplötzlich schlagen Töne ganz anderer Natur hinein in dieses einschläfernde Doppelrauschen. Mit tiefem „tschuck, tschuck, tschuck" beginnen sie, überschlagen sich, brechen ab und verwandeln sich in ein hohes Schluchzen von unirdischer Schönheit.

Ich meine zu spüren, wie es mich durchzieht. Mein Atem stockt. Kaum wage ich Luft in mich aufzunehmen, um gefühlt ganz Ohr zu sein.

Die Nachtigall singt nur wenige Meter von uns entfernt im dichten Gebüsch. Ich sehe sie nicht, ahne nur den Ort. Ihre Melodien wechseln. Schlag und Schluchzen bleiben. Strophe für Strophe. Das Rauschen von Meer und Wind entschwindet unter der Wucht ihrer Lieder. Sie singt, als ob ihr Gesang auf mich gerichtet wäre; an mich, die ich zum ersten Mal ‚den Süden' erlebe.

Betörende Aromen, Düfte von Kräutern und atmender Erde, trägt der Wind heran. Mir wird fast schwindlig von dieser Fülle, die über alle Sinne in mich einströmt. Die Intensität des Gesangs der Nachtigall erhebt und betäubt zugleich.

Ich umarme meinen Mann, um zu fassen, was ich nicht fassen kann.

Unsichtbare Spuren

消えた足跡

Mild die Sonne
Sanft der Wind
Lächeln im Gesicht
Alles friedvoll

Neben mir
gleiten die Nattern
um zu nehmen
ihr Sonnenbad

Geräuschlos wandert die Sonne
der Schatten der Weide
bewegt sich unvernehmbar

Dann verschwinden die Schlangen
laut- und spurlos

Auf ihren Wegen bleiben zurück
Erstaunen und Verwunderung

Mild die Sonne
Kühler der Wind
Sehnsucht im Gesicht
Alles noch einmal empfinden zu wollen

Ja, mild ist sie geworden, die frühe Herbstsonne, mit langen Schatten und lauem Wind. Am Flussufer war ich ihr entlanggegangen mit erwärmtem Gesicht und weichem Lächeln. Nun will ich verweilen und hinausschauen auf das glitzernde, so flott vorbeiströmende Wasser. Meine Blicke versinken in der Szenerie. Ich fühle mich allein, aber nicht einsam. Die Sonne lasse ich, halb dösend, halb träumend, auf mich wirken. Bis ich den kühlen Finger auf der Stirn spüre, den der Schatten der Weide am Fluss nach mir ausstreckt. Ich blinzle. Eine Bewegung nebenan öffnet mir die Augen vollends. Was sie erblicken, kann ich kaum fassen: Eine Schlange, eine Schlingnatter, ist direkt neben mich auf den Baumstamm geglitten, auf dem ich sitze. Sie macht es sich offenbar bequem mit locker geschwungenem Körper und breit gestreckten Rippen, sodass sie auf einem Großteil des Körpers halb platt aussieht. Ich wage kaum zu atmen, denn ich möchte sie nicht stören – uns beide nicht stören in dieser stillen Zweisamkeit. Gerochen, mit der Zunge geschmeckt hat sie mich sicherlich. Und für ungefährlich empfunden. Ein Schwall Freude durchläuft mich bei diesem Gedanken. Und ich atme wieder normal. Die Natter regt sich nicht. Ihr Kopf ist ähnlich wie meiner zur Sonne gerichtet. Sonnenanbetung. Ur-Wärme der Natur. Bilder und Worte formieren sich und zerrinnen wieder. Sie sollen mir fernbleiben, solange die Natter neben mir liegt. Nur einen halben Meter entfernt. Unsere Nahbereiche überlagern sich dabei. Vielleicht spürt sie auch meine Körperwärme, nicht nur die der Sonne? Wieder weise ich Gedanken zurück. Ich schaue zur Natter, bis ihr Bild verschwimmt und sich auflöst. Wie lange? Ich weiß es nicht mehr. Die Zeit spielte keine Rolle in dieser zeitlosen Begegnung. Sie endet, als sich der Schatten des Baumes auch auf die Natter legt. Da gleitet sie davon und verschwindet im Gewirr des Schwemmholzes, das vom letzten Hochwasser zurückgeblieben ist. Keine Spur, nichts verrät, dass sie neben mir war und Wärme für die Nacht aufgenommen hatte, die bronzebraune Schlingnatter. Als sie fort ist, fällt mir ein, dass sie auf ihrem Kopf so etwas wie ein Schriftzeichen getragen hat. Kein Kreuz, eher Figur eines Falters.

Stimmung

天気合

In Wärme und Gewitterspannung
schwelgt die Natur
Im Winde tänzeln Distel- und Zitronenfalter
meine Blicke auf sich ziehend
Augenblicke beglückend
hierhin, dorthin vollgefüllt mit Staunen

Aufsteigende Wolken bringen mich
zur Ruhe und zu tiefer Besinnung
Lautlos ziehen sich zurück
die gaukelnden Falter

Donner grollt in der Ferne,
treibt meine Schritte zu verhaltener Eile
hinein in den Gipfel des reifenden Sommers

Nach Tagen trockenen Hochsommerwetters setzte Schwüle ein. „Spanienluft", so der Deutsche Wetterdienst, geschwängert mit Feuchtigkeit vom westlichen Mittelmeer, sei im Kommen. Der Wind wehte nicht mehr aus Ost, sondern aus Südwest. Quellwolken stiegen auf, bildeten Kissengebirge und verschwanden wieder. Auf Schlangensuche gingen wir hinaus in den lichten Kiefernwald an der Isar. Feuchtes, gewitterträchtiges Wetter ist Schlangenwetter. Über die Waldpfade taumelten Schmetterlinge. Große Falter in scheckig hellem Braun, andere in zart Grünweiß oder Gelb. Sie erzeugten den Eindruck von Unruhe. Kurze Blütenbesuche, dann wieder suchender Flug. Die Weißgelben und Gelben ließen keinen Zweifel: Zitronenfalter, hell die Weibchen, satt gelb die Männchen; Falter des Frühlings jetzt im Hochsommer. Ihrem langsamen Flug konnte ich leicht folgen. Schnell und doch nicht flüchtig die anderen, die ähnlich großen Distelfalter. Ihr englischer Name gefällt mir besser: Painted Ladies; bemalte Damen. Heute ließen sie sich mit etwas Geduld aus der Nähe betrachten, weil sie es nicht eilig hatten. Ungewöhnlich, beide Arten so beieinander. Der eine, der Zitronenfalter, bodenständig, hier geschlüpft aus der Puppe und nun auf der Suche nach einem geschützten Plätzchen zum Verschlafen des Sommers. Der andere, der Weltenwanderer Distelfalter, unterwegs nach Afrika, nur kurz verweilend, weil der Gegenwind aus dem Südwesten dazu zwingt. Nach Durchzug der Gewitterfront, die der Spanienwind herandrückt, werden die Distelfalter weitereilen, Südfrankreich und Iberien überqueren, über Gibraltar nach Afrika fliegen und dort eine neue Generation begründen. Die Zitronenfalter, dieselben wie heute, werde ich vielleicht im Herbst erneut sehen, wenn sie umherfliegen, um im Bodengestrüpp des Waldes eine Stelle zu suchen, an der sie sich hineinhängen und überwintern. Ohne Schutz, mitunter von Reif überzogen, warten sie, bis sich in der Föhnwärme des frühen Frühlings ihr Leben wieder regt und sie sich paaren. Dann könnte ich sie sogar ein drittes Mal sehen, denn sie fliegen nicht weit umher. Beglückende Augenblicke, vollgefüllt mit Staunen, erlebte ich mit diesen zarten Faltern, die so unterschiedlich sind, und doch so sehr dem Wesen des Zens, dem All-Einen, entsprechen: Schmetterling durch und durch bis ins Detail, aber in Farbe und Lebensstil so verschieden, dass sie Welten auseinanderliegen.

Als ich den Donner aus der Ferne hörte, wurde mir gewahr, welche Ruhe mich bei der Betrachtung diese flüchtigen Falter erfüllt hatte. Das nahende Gewitter gebot den Rückzug. Die Falter verschwanden. Auch sie suchten Schutz. Den Donner hören sie nicht, die sich steigernde Schwüle spüren sie wohl. Sie reagieren auf ihre Weise. Zurück blieb mein Staunen, wie ein so zartes Wesen, ein Hauch von nichts, alle Jahreszeiten einfach so durchleben kann. Zen führt zur Natur und Natur zu Zen.

Gang in die Aue

水辺の散歩

An alten Bäumen entlangstreifend
begleitet mich sanfter Wind
vom Fluss in die Aue
in ihre Tiefe

Meine Gefühle versuche ich einzuordnen
doch der Fluss trägt sie fort in die Ferne
mitsamt meinen Gedanken
in wirren Zeichenwirbeln auf dem Wasser

Ich blicke ihnen nach
als ob ich erkennen wollte
welche Spuren sie ziehen
meine Worte

So oft es möglich ist, mache ich Gänge in die Auwälder am Fluss. Früher war es die Isar, die mit ihren reißenden Wassern ihrem alten Namen immer noch alle Ehre macht. Mit Wirbeln und Strudeln, mit Gemurmel und Getöse, wie ich sie bei Hochwasser erlebte. Reißendes Wasser bedeutete ihr Name in der Sprache der Alten, die es hier längst gab, bevor die Römer kamen, und auch lang vor den Bayern. Den anderen Fluss, an dem ich durch die Auen wandere, nannten die Römer aenus, Schäumender. Für die Rätoromanen, in deren Bergen er in der Schweiz entspringt, ist er immer noch der En, und sein Tal das Engadin, der Garten des Inns. Seit ich weiß, dass sein sommergraues, im Winterhalbjahr türkisgrünes Wasser von so weit herkommt, sehe ich ihn und seine Auen mit anderen Augen. Vor allem, wenn ich einem der Wirbel nachschaue, die mit der Strömung fortziehen, an mir vorbei, der ich für diese Wasser gänzlich bedeutungslos bin. Dann scheint er mir meine Gedanken mit zu tragen und die Zeit ebenfalls. Je länger ich verweile, gedankenversunken, desto kürzer kommt mir das Leben vor. Und umso beständiger der Fluss in seinem Fließen. Solche Augenblicke der Vergänglichkeit am Wasser auszukosten, schätze ich sehr. Sie ordnen ein in Zeit und Raum.

Dauerregen

長雨

Regen Regen Regen
Feucht und kalt dringt er
tief bis ins Innere
als ob die Tropfen direkt von meiner Seele fielen
wie Tau vom sich neigenden Zittergras
unmerklich und tonlos
Das Prasseln des Regens steigert sich
zur lauten Klage
Es wird nasser denn je
Doch sie glimmt noch nach
meine Sehnsucht nach der Sonne
in der kalten Feuchte
von Regen R – e – g – e – n

Im Sommer stauen sich die Wolken besonders oft an den Alpen. Dauerregen fällt. Tagelang mitunter. Hochwasser droht. Ganz Oberbayern, bei Sonne in Blau und Weiß so schön, wird trüb und trist. Der Regen drückt die Stimmung. Herbstmelancholie kann sich breitmachen, schon mitten im Sommer. Erstaunlich, wie sie auch mich erfasst, obwohl ich eine positive Einstellung zum Sommerregen haben sollte. In Japan bringen die Monsunregen das Wasser für die Reisfelder. Vier Wochen Regen sind normal und gelten als gut; als Geschenk des Himmels. Regenmonat nennen wir diese Zeit. Der Reis wird wachsen und gedeihen, dank der Wasserfluten vom Pazifik.

Hier mag niemand sommerliche Regenzeiten, die länger als einen Tag dauern. Ich kann es verstehen. Sie machen den Sommer kalt und nass, gefühlt wie einen unzeitgemäßen Winter. Fröstelnd ziehe ich wärmende Kleidung über oder hülle mich in den Anorak, wenn ich nach draußen muss. Und verstehe, wenn ich mit meinem Hund hinausmuss, den bayerischen Kommentar: Das ist ein Wetter, bei dem man keinen Hund hinausschickt. Weiß-blau soll er sein, der Sommerhimmel, nicht grau in grau. Da stimme ich gerne zu. Wie wetterfühlig wir doch sind!

Steigende Hitze

焼けつく暑さ

Schmelze ich in die Natur hinein
oder schmilzt die Natur in mich hinein?

In solchen Momenten
spüre ich auf meiner Haut
das Eilen der Minuten
und vernehme ein Flüstern
vom Laufen der Zeit

Im Empfinden
von steigender Hitze
unter der Sonne
erklingt urplötzlich in mir
das eine Wort: G l ü c k

Hochsommer. Sonne im Überfluss. Kurz die Nacht, lang der Tag, am längsten und schönsten die Abende. Wochen von nasser Kälte sind überstanden. In der steigenden Hitze vernehme ich das Ticken der Zeit ohne Uhr und spüre sie wie einen Fluss, der mir über die Haut läuft. Wärme, die fließt. Zeit, die Zeit gebiert. Mein Selbst versinkt in diesem Strömen der Zeit und wird eins mit der Natur, wie ich es als Japanerin aus den Tagen meiner Kindheit verinnerlicht habe. Ich fühle mich geborgen. Ein Begriff formt sich, steigt auf und wird Wort: Glück. Nichts Unerreichbares ist es, sondern etwas, das in mir verankert ist. Im Einswerden mit der Natur befreit es sich aus der Zurückdrängung unter der Hektik des täglichen Lebens.

Zikadengesang
am Meer in Kroatien

蝉の声

Im Zikadengesang
erwachten die Erinnerungen
an die Heimat
vom Mittagsschlaf
der Wassermelone

„Die Stimme einer Zikade dringt in die Stille und Stein", schrieb Meister Bashō 1689 in einem Haiku. Wie bei fast allen seiner zum Haiku verdichteten Zeilen, ringen die Stimmungen, die sie hervorrufen, mit den Deutungen, die sie heischen. Was meint der Meister? Wie meint er es? Flößt er uns eine Sommeridylle ein, weil es Sommer ist in Japan, wenn die Zikaden kreischen? Störten sie ihn in seiner kontemplativen Ruhe, die ihm zuvor die Stille gewährt hatte? Wohl nicht, denn seine Ruhe ging vom Herzen aus, auch wenn die Außenwelt laut war. Bashō machte aus dem Haiku kein Wortspiel, sondern hohe Dichtkunst mit tiefem Sinn.

Wie für die meisten Menschen, die in warmen Regionen aufgewachsen sind, bedeutet Zikadengesang auch für mich Sommeratmosphäre. Vermisse ich sie hier in meiner zweiten Heimat Bayern, fragte ich mich, als ich sie nach zwei Jahrzehnten fern von Japan erstmals wieder hörte. Das war in Kroatien, am Meer, in einem Garten mit alten Olivenbäumen. Zikadenzeit ist die Zeit der Mittagshitze, die in meiner südjapanischen Heimat unerträglich schwül werden konnte. Döst man ein, reißt uns das Schrillen der Zikaden wie Alarmsirenen aus der Lethargie. In Kroatien wehte Wind vom Meer her. Der flackernde Schatten der davon bewegten Olivenblätter trug mich hinein in eine wonnevolle Versunkenheit von Wärme und Licht. Die Zikaden lösten mit ihrem Aufschrillen die Erinnerung an Wassermelonen aus, die ich so gern esse. Safttriefend süß sollen sie sein, errötet im weißen Fruchtfleisch und durchsetzt von harten schwarzen Kernen. Seither wünsche ich mir hier in Bayern auch manchmal Zikadengesang an Sommernachmittagen, draußen in der Sonne an den kühlen Flüssen, die aus den Bergen kommen.

Verse des Lebens

人生の詩

Ich lebe
Ich lebe

Erkennen meine offenen Augen die Wirklichkeit?
Findet mein klarer Blick die Wahrheit?

Wenn es so wäre
läge dazwischen dennoch
das Spiel von Licht und Schatten

verborgen der Suche
nach den Versen des Lebens

Ich lebe
Ich lebe wirklich

„Ich lebe" ist die vielleicht tiefste, gewiss aber die für uns (lebens-)wichtigste Erkenntnis. Besser als jede Philosophie erklärt mir das Leben selbst seine Bedeutung. Es ist nicht „für mich", sondern „es ist ich" für mich. Mag ich es auch loben oder darüber klagen, es bleibt unersetzlich. Daher nehme ich mir die Freiheit, zu dichten und zu singen, wobei ich ganz ich sein kann. Um das Leben zu tanzen. Das Leben ist Wahrheit und Wirklichkeit zugleich. Ich nenne es mein Tao, den Weg.

Stiller Herbst

閑かな秋

Wie tropfendes Wasser rauscht es auf
als im Wald die Blätter fallen
beschwert vom Reif
Holztrocken knirschen Tautropfen
beim Aufprall
auf gefrorenem Laub

Geräusch – das widerhallt
in der Lautlosigkeit
Wir sagen nichts
gingen die Worte doch nur verloren
wie Hauch im Äther
Das Schweigen allein sagt alles
und verschluckt fernes Spechtgetrommel
Geräusch – das widerhallt
in der Lautlosigkeit

Laut ist er für mich, der stille Herbst. Ich höre die Blätter, die zu Boden fallen, schwer geworden vom Reif. Die schmalen der Silberweiden tönen viel leiser, fast unhörbar, als die großen der Balsampappeln mit ihrer Schwere. Erlenlaub knistert unter meinen Schritten, Blätter der Schwarzpappeln rascheln. Manchmal glaube ich sogar zu vernehmen, wie sich am Boden ein Blatt dreht, wenn der Reif schmilzt. Blätter, die auf Blätter fallen, klingen anders als solche ihrer Art, die auf den Boden treffen. Aus vielen feinen Tönen entsteht eine Symphonie, deren Partitur ich nicht kenne, aber als Herbstmelodie spüre. Schweigsamer als sonst gehen wir die Waldpfade entlang. Aus der Ferne kommt ein Trommelwirbel. Dumpf, regelmäßig ohne Fehlschlag, kräftig. Ein Schwarzspecht tut kund, dass er hier ist und sein Revier verteidigen wird. Wir sind keine Eindringlinge. Uns beachtet er nicht. Nicht einmal lachen wird er über uns, wie im Frühling, in dem seine schallenden Rufreihen manchmal diesen Eindruck erwecken. Über so eine Deutung würde der Specht dann wirklich lachen, könnte er sie erfahren. Ein Holzstoß knirscht. Der Frost hatte darin etwas verzogen, das sich jetzt, beim Auftauen, wieder zurechtrückt.

Herbstgedanken

秋の思索

Laub fällt in den Regen
Immer ferner rückt die Erinnerung
an den Sommer und weiter dahin im Nass
schmilzt der Herbst

Spürbar wird der Jahreswechsel
wenn die Blätter fallen
Herbstlaub deckt die Erde
gelb und kastanienbraun

Unzählige Gedanken
ruhen unter dem Laub
als sich auflösende Spur
von Zeit und Geschichte

Kühl ist sie geworden, die Luft, die mit starkem Wind den Regen gebracht hat. Kommt er mir kälter vor, weil die Tage kürzer geworden sind und der Herbst sich schon schneller neigt, als mir lieb ist? All meine Sinne sind sensibilisiert. So als müssten sie mehr aufnehmen als das bloße Fallen der Blätter und die feinen dumpfen Töne der Tropfen, die auf sie einschlagen. Unwillkürlich schmecke ich Früchte, die ich gegessen habe. Sie reiften in der milden Sonne des frühen Herbstes. Nun erfasst mich Nostalgie. Ich kann die Herbstfärbung der Blätter nicht mehr genießen. Der Regen hat sie verändert, so stumpf gemacht. Es fehlt ihrem Gelb der Glanz von Gold und dem Rot floh die Leuchtkraft. Der Zerfall beginnt. Das sehe, rieche, schmecke und fühle ich. Akzeptieren möchte ich es nicht. Noch hänge ich zu sehr am vergangenen Sommer. Liegt das an meiner Unbeholfenheit im Umgang mit dem Fluss der Zeit? Es hilft nichts; der Herbst tritt ein. Er taucht aus dem Regen, erfasst meine Stimmung und wehrt sich erfolgreich gegen meinen Widerwillen. Sinnierend am Heute betrachte ich ungezählte Blätter und denke an vergangene Jahre meines Lebens. Alle Erinnerungen haben ihren Platz. Sie sind archiviert, bis sie ins Vergessen versinken. Aus kleinen Geschichten der Tage entwickeln sie sich zum Tagebuch, zum Logbuch des Lebens, wie es John Steinbeck in einem seiner Bücher genannt hat. Ruhen sie nun wie verwehte Spuren unter den Blättern, die mir der Herbst auf den Weg gelegt hat?

Frivol ist der Klatschmohn

浮薄な雛罌粟

„Berühre mich nicht"

Sie fallen zu schnell
die roten Blütenblätter
nur der Wind darf sie streicheln
auf Schuttplätzen und Feldern
als wollte er stellen zur Schau
ihre Unberührtheit

Doch kaum verblüht
perlen Samen wie Staub zu Boden
und in dunklen Nächten sammeln sie Kraft
um bald wiederzukommen als neue Blüten
schöner denn je mit verführerischer Zartheit
Sehnsucht nach Liebe erweckend

So ein Rot! Die Blüte des Klatschmohns schien mir unwirklich, übertrieben, überzüchtet, als ich sie zum ersten Mal richtig wahrnahm. In den frühen Jahren meines Hierseins in Deutschland sah ich sie nur als Farbkleckse aus einiger Entfernung. Im Vorbeifahren meistens, und damit als flüchtige Augenblicke. Dabei wirkt ihr Rot nicht frivol. Ich ahnte noch nichts von der Art, wie sich die Mohnblüte entfaltet und wie sie so rasch wieder vergeht. Einmal kamen wir am Stadtrand von München zu einem Feld, das voll war mit Rotem Mohn. So voll, dass von Getreide, falls vorhanden, nichts zu sehen war. Staunend ging ich hin und schien zu versinken in der Flut von Rot. Als wir eine Woche später wieder vorbeikamen, gab es nur noch vereinzelt Mohnblüten, die sich vom bläulichen Grün abhoben. Im Jahr darauf standen Häuser auf dieser Fläche. Das Feld war brach liegendes Bauland gewesen.

Jahre später kam ich wieder zu blühendem Mohn. Mit meinem Hund bei Ausgängen am Morgen, am Mittag, am Spätnachmittag oder abends. Wieder war es Bauland, auf dem wuchern durfte, was sich entwickelte. Mein Hund hatte dort keine Eile. Er untersuchte die Straßenränder, schnupperte hierhin und dorthin. Das schenkte mir Zeit zum Betrachten. Den Roten Mohn hatte ich nun knapp zwei Wochen lang täglich vor mir. Ganz früh am Morgen sah ich, wie die noch nach unten hängenden Knospen rote Streifen und Spitzen bekamen. Vormittags hatten sie sich aufgerichtet, die grünen, an der Außenseite stumpf-stacheligen Hüllblätter abgeworfen und die noch leicht zerknitterten Blütenblätter entfaltet. Mit glänzend schwarzen Flecken am Grund wiesen sie aufs Zentrum, um das Bienen krabbelten und Pollen aufnahmen. Kam ich am Abend wieder, hingen die roten Blütenblätter erschlaffend nach unten und begannen abzufallen. Nur wenige Stunden währte ihre volle Schönheit. Schaukelte sie mittags der Wind, zitterte ich mit ihnen, weil sie mir so zart, so zerbrechlich vorkamen: Schönheit, die im Werden bereits wieder vergeht. Wie eine Frivolität, die zu weit gegangen ist und selbstzerstörerisch wurde. Man kann diese Blüten nicht pflücken und in die Vase stellen. Sie halten nicht. Sie vertragen nur den Augenblick. Dies empfindend, sinnierte ich über die Farben und ihre Symbolik. Was bedeuten für uns die Zartheit der Blütenblätter des Roten Mohns und die Frische der jungen Haut. Rot gilt uns als glutvolles Zeichen des Lebens, aber auch seiner Vergänglichkeit. Zu wissen, dass der Mohn mit diesem schnellen Werden und Vergehen auf kargem Feld oder an der Straßenböschung Erfolg hat, nimmt mir nicht das Geheimnisvolle, wenn ich seine Blüten betrachte. Frivol ist er nicht. Das sind Verknüpfungen, die wir herstellen. Je nachdem, wie wir das Wahrgenommene verstehen wollen.

Nebelmorgen

朝靄

Der Fluss steigt mit dem Nebel
hinüber in die Aue
und beide verschmelzen in der Kühle
des frühen Morgens

Die Stille hüllt den See ein
während lautlos gleitend aufschimmert
ein Schwan aus dem Nebel

Der Ruf des Schwarzspechtes weckt auf
die ruhende Stille
und im Geräusch der Schritte treibt es den Nebel
hinweg in die Höhe

Als ob im Rhythmus eines pochenden Herzens
der werdende Tag
seinen Schritt gefunden hätte

Die Stille des Morgens schwillt an
zur lauten Lebendigkeit der Natur

Wer frühmorgens im Nebel in die Aue geht, erlebt eine besondere Stille. Wenig kann ich da mit den Augen fassen. Deshalb bin ich aufmerksamer als im hellen Tageslicht. Umso bedeutender werden die Laute, die diese Nebelatmosphäre durchdringen. Wie bei einer Orchesterprobe kommen sie, jeder für sich, aber gleichzeitig. Denn jeder Vogel behauptet seine Solopartie und tut dies aus Inbrunst kund. Zustande kommt die besondere Stimmung, bei der ich versuche, Geräusche zu vermeiden, bei jedem Schritt.

Suche nach der Zeit

時を求めて

Die Nacht war still
bis zum Mond erfror alles leise

Das Erlebnis der letzten Nacht
verflüchtigte sich
wie ätherisches Öl verhaucht
als es hell wurde

Nun schmilzt die Sonne
den Reif der Nacht

Am Birkengeäst hängen Tropfen
sie glühen auf im Morgenlicht
als es tagt
und der Frühwind flüstert

Da gehe ich hinaus
in dieses Aufleuchten
Vielleicht nehme ich wahr den Takt

Irgendwie fließen Melodien hinein
in die Zeit
und auch ich will ans Werk

Irgendwann mit der Zeit
verrinnen die Tropfen
verdunstet ihr Wasser

Mit dieser Sehnsucht
gehe ich in die Zeit
um zu entdecken meine Spur

Die Nacht war kalt geworden. Die Kälte setzte sich fest und gefror zu Reif. Bezaubernd schön? Oder ernüchternd? Als ich am Morgen auf den bleichen Mond blickte, schien mir alles erfroren und verflogen: die Gespräche, das schöne Mahl, die Zärtlichkeit. Alles verflüchtigte sich, als es tagte. Wie der Duft ätherischer Öle, der uns bezaubert und dann entschwindet. Wie können Jauchzen und Lachen, Tränen und Träume so vergehen? Das zunehmende Licht verdrängte auch sie, diese Gedanken. Die Kraft des neuen Tages überwand die schwindenden Kräfte der Nacht. Das Verlangen erfasste mich, einzutauchen in das Kommende, in die Zeit mit ihrem Takt und ihrer schwingend-schwankenden Atmosphäre. Wie schön wäre es, ihrer Spur folgen zu können, ihre Form oder Farbe zu entdecken. Die Augen taugen dazu nicht. Ich schließe sie und nehme ihn an, den neuen Tag, wie auch den vergangenen. Mit dem alten und dem neuen Ich.

Nebelsicht
Königsschloss Neuschwanstein

霧景色

.

Beim Blick auf das Schloss im Nebel-Wald
versuche ich nachzuvollziehen
des Königs Geschichte

Wie viel ist wahr an ihr?
Soweit mein Gefühl ausreicht
soviel mir behaglich scheint
wird sie mir verständlich

Verrät sein Name „Märchenschloss"
Bangnis und Leere?

Nun inszeniert die Wolkendrift
einen Schwan auf dem Nebel-See
der ganz allein schwimmt, nur für sich

als wäre er ein Teilchen jenes Traumes
oder eine Fata Morgana?
Luftspiegelung zeitfernen Geschehens.

Aus dem Nebel löst sich das Märchenschloss. Das Traumbild wird Wirklichkeit. Unzählige Menschen fasziniert es. Unnachahmlich. Unfassbar. Unheimlich. Auch in seiner Wirkung, die sich dem Verstehen entzieht. Als Tourist aus der Ferne möchte man fragen, ob das alles tatsächlich so ist, wie es aussieht. Welches Bild schwebte dem König vor, wo es doch kein Vorbild gegeben hatte? Er war verrückt, sagte man mir, und versucht das unvermindert anhaltende Unverständnis zu entschuldigen, dem der Märchenkönig ausgesetzt war. Sein Platz lag nicht in der Zeit, in der er lebte; er war verrückt, ihr entrückt. Weder zu früh noch zu spät gab es ihn. Er war jenseits der laufenden Zeiten. Wie Vieles, was mir vom japanischen Kaiserhaus geläufig ist: Aus der Zeit ist es gefallen. Bei Bedarf wird Passendes geholt. Ansonsten hat es zeit-los zu sein. Das Denken König Ludwig des Zweiten war durchdrungen von der Natur. Er hatte sich abgewandt von den Entwicklungen der neuen Zeit, die auf die Doppel-Katastrophe zweier Weltkriege zusteuerte. Seine Schlösser sind zeitlose Wirklichkeit, Realisierung des Schönen in immer schrecklicher werdenden Zeiten. Auch solche Deutungen las oder hörte ich. Das Selbsterlebte mit Neuschwanstein neigte dieser Sicht zu. Weder Märchen noch Traum, sondern perfekt inszenierte Schönheit in Harmonie von Landschaft und Bauwerk. Wie beim Kinkaku-ji, dem Goldtempel von Kioto. In schlichter Pracht liegt auch er, ganz einzigartig und unnachahmlich, außerhalb der Zeit. Wir Japaner sind fasziniert von Neuschwanstein. Himmelhohe Bankentürme, wie es sie in aller Welt gibt, haben wir genug. Der Goldtempel ist uns Kultur. Ist Neuschwanstein für Bayern nur eine Touristenattraktion? Wie soll ich verstehen, was mit den bayerischen Königsschlössern geschieht?

Kurze Skizze zu einem langen Tag

長い一日の短いスケッチ

Aus den Wolken heraus
strömt mir entgegen
ein heller Fluss Wärme
Aufleuchten der Sonne
zwischen Wolkengebirgen
mit geheimnisvollen Föhnfarben

So ist meine Hoffnung
wie die ewigen Wellen
mit ihrem Kommen und Vergehen

Föhn ist Zauber, Reizwort und Entschuldigung zugleich. Er kommt aus den Bergen und strömt nach Norden wie ein Gruß vom Süden. Ungreifbar, aber höchst wirkmächtig. In weniger als einer halben Stunde kann er den grauen Himmel blau machen, Regen vertreiben und die Stimmung zu Luftsprüngen animieren. Oder Kopfschmerzen bereiten, die alles entschuldigen (sollen), was man an einem wunderschön himmelblauen Tag nur falsch machen kann. Schwer vorstellbar, dass es Schlechtwetter auf der Südseite der Alpen ist, das uns hier Kaiserwetter beschert. Die Erklärungen sind sicher richtig, aber bedeutungslos für das Gefühlte. So geht es anscheinend auch meinem Blutdruck. Er steigt und fällt, wie es ihm gefällt. Um meine Stimmung kümmert er sich nicht. Ist sie gut, gibt es kein schöneres Blau. Sie bleibt bestens, wenn Schmetterlinge, vom Föhn getragen, an mir vorbeifliegen. Doch sobald ich darüber nachdenke, was sie dort erwartet, wo die warme Luft endet und auf die Regenwolken stößt, verdüstert sie sich. Dann schaue ich nach Süden zu den Bergen, die sich wie ein Gemälde aus der Zeit des ‚Blauen Reiters' am Horizont abzeichnen. Und genieße jeden Föhnschub, bis die Dämmerung kommt – nach einem langen Tag.

Treue Seele

忠誠

Intensiv verfolgt er eine Spur
um die nur er weiß
im tiefen Schnee
Auf seiner Schnauze sitzt
der gesuchte Beweis
langsam schmelzend

Zum Lachen reizt das
Wie empört bellte er mich an
der nicht ernst Genommene!
Doch wie ich ihn so führe
durch Regen und Schneesturm
vergehen Freud und Leid
wie Schnee von gestern

Erheitert vom Lachen ist mein Gesicht
in das er schaut
treuherziger denn je
schwanzwedelnd

Nirgendwo ist Friede so rein und vergänglich
Erfüllt davon gehe auch ich
mit ihm in den frischen Schnee

Schnee fasziniert mich. Mein Hund liebte ihn. Mit sichtlichem Vergnügen wälzte er sich darin, schob seine Nase hinein, um etwas zu erriechen oder zu entdecken. Hin und her rollte er sich und bellte ausgelassen. Im Schnee entführte ihn sein Behagen in eine andere, weißpulvrig kalte Welt. Mit verdrehten Augen schaute er bei seinen Kapriolen immer wieder zu mir, um sich zu vergewissern, dass ich ihm auch richtig zusehe. Wie ein Kind, das überquillt vor Freude. Schneeflocken schmolzen auf seiner schwarzen Nase. Ich musste lachen. Da steckte er sie gleich wieder weg in den Schnee. Zwischendurch schüttelte er das Fell, wälzte sich aber erneut. Mein Hund. Wie sehr mochte er den Schnee. Sein wollig dichtes Fell passte zum Winter, nicht zu Sommerwärme. Er war ein nordischer Hund, war Wolf, wie seine fernen Vorfahren. Eine treue Seele. Mein Hund.

Winter

Eilige Schritte
lautloses Gespräch verweht
zwischen uns

So streng ist er heuer
der Winter
Die Sonne zeichnet mit Schatten
das Muster der Birkenbaumzweige
auf den Teppich aus Schnee

Regungslos stehen
in der Kälte die Krähen
Meine Sehnsucht nach Wärme
spiegelt sich in der Kälte
kontrastreich schwarz im Weiß

„Die Krähen schrei'n / Und ziehen schwirren Flugs zur Stadt: / Bald wird es schnei'n – / Wohl dem, der jetzt noch – Heimat hat!" Diese Anfangszeilen von Nietzsches Gedicht „Vereinsamt" schienen mir die schwarzen Krähen zuzutragen, die mit gesträubten Federn an Brust und Beinen wie erstarrt im Schnee standen. Nicht in einer im Sonnenlicht glitzernden Schneelandschaft, sondern unter bleiernem Himmel, dessen Grau schon am nahen Horizont konturlos in das düstere Weiß überging. So aufrecht, wie sie standen, wirkten die Krähen entschlossen, dem Winter zu trotzen. Ihre Schnäbel schienen einen Eisrand bekommen zu haben, wo sie an der schwarz befiederten Stirn ansetzen. Aber ich wusste, dass dies eine Täuschung ist. Die Schnäbel der alten Saatkrähen sind eisgrau und nur zur Spitze hin schwarz. Ich bewunderte sie und zog mir den Mantel noch enger zu. Mit jedem Atemzug stieg ein weißes Wölkchen vor mir auf und verschwand, wie ausgehauchte Lebensgeister. So eine Kälte setzt mir zu. Aufgewachsen im warmen, wintermilden Süden Japans gehörten Frost und Schnee zu meiner kindlichen Vorstellung von Russland, vom Fernen Osten Sibiriens. Dass es auch hier in Mitteleuropa sibirische Zeiten geben kann, hatte ich nicht erwartet. Dass diese nicht allzu lange dauern, beruhigte mich. Scharfe Kälte empfinde ich wie Stiche. Ihr Schmerz geht mir ins Herz. Vor allem, wenn die Sonne wie durch Eis zu strahlen scheint. Dann trifft mich ihr Licht kalt, anstatt zu wärmen und Zuversicht einzuflößen. Eine der Krähen vor mir stocherte im Schnee. Dann flog sie auf und flatterte ein paar Meter weiter. So ein Lebenswille weckte auch wieder Leben in mir. Ich konnte beginnen, sie zu bewundern. Denn ihr Gefieder schimmerte wie aus feinstem Erz geschmiedet metallisch blau bis violett.

Schnee am See
Zell am See, Österreich

湖の雪

Schneeflocken ertrinken im bleigrauen Wasser
Am Ufer stehlen Krähen
den Blesshühnern ein Stück Brot
So erscheint mir die Winterlandschaft
noch trostloser
während schmelzende Flocken
an meinen Wangen warm verfließen tränengleich
Dieser Tag versinkt ganz im Schnee
Und alle Worte ruhen darin lautlos

Auf bleigrauem Wasser schaukeln schwarze Vögel mit weißer Stirn. Sie nicken, als ob sie den Schneeflocken zusehen wollen, die im Wasser vergehen. Bleigrau ist auch der Himmel, fahl der Schnee, der in dicken Flocken fällt. Vom leichten Wind getrieben, schwebt er herab. Knöchelhoch deckt er das Ufer, nur von wenigen Tritten zertreten. Die schwarzen Vögel, Blesshühner sind es, kommen auf mich zu. Sie erwarten Futter. Ich habe nichts mit. Gerade hat ihnen eine Krähe ein Stück Brot weggenommen. Ihre enttäuschte Erwartung dämpft meine Freude am Schnee. In meiner Kindheit war er eine so große Rarität, dass wir uns auf dem Schulhof fast den ganzen Tag damit vergnügen durften. Selten einmal fiel Schnee im Süden Japans, meiner Heimat, und noch seltener blieb die weiße Pracht ein paar Stunden liegen. Märchenhaft wurde da alles, was vorher wintergrau war. Wie selbst verzaubert, staunten wir, wenn die dicken Wolken Lücken bekamen und Sonnenlicht die Schneelandschaft flutete. Da hüpften wir vor Freude und fingen an zu singen. Das Zergehen der Schneeflocken vor den Blesshühnern gemahnte an eine andere Wirklichkeit ohne Freudenstimmung über die Schönheit einer Winterlandschaft. Es geht ums Überleben. Seit Wochen herrscht Winter. Nachts nimmt die Kälte zu. Auf dem See wird sich Eis bilden. Die Wasservögel werden sich auf die letzten eisfreien Stellen zusammendrängen. Das verlorene Stück Brot kann entscheidend werden. Wer nicht mehr genug Kraft hat, überlebt nicht. Sein Leben schmilzt dahin, wie die Flocken auf dem Wasser, und zergeht in nichts.

Grau

灰色

Die Möwen trägt der Wind in die Höhe
hinein in die Farbe des Winters
in den Ton der Kälte

Stumm wirkt die Natur
Das ermüdete Land bleibt eingehüllt
in Schatten von Grau

Wohin mit dem Winde?
Wohin?

Die Möwenflügel gleiten
in die Winter-Wanderschaft
durch bleigraue Luft
tonlos schallt das Grau

Der Wind trägt sein eigenes Lied
in die Höhe und in die Weite
hinein in die Farbe des Winters, den Ton der Kälte

Das Ende des Jahres rückt näher. Die Kraft der Sonne schwindet. Nur noch schwach durchdringt ihr Licht die Nebelwolken. Sie legen ihr Grau über alles. Es macht den Himmel weit, weil ohne klaren Horizont, doch eng zugleich, weil es die Sicht so sehr begrenzt. Und Stimmungen erzeugt, die den Tönungen von Grau entsprechen. Die Möwen, selbst silbergrau auf ihren Schwingen, durchschneiden dieses und lösen sich dennoch darin auf. Sie fesseln meine Blicke, während mich eine meditative Stimmung überkommt. Ich horche auf das Rauschen des Windes, der aufkommt, vernehme aber nichts. Grau auch sein Ton.

Sommerfahrt auf der Salzach

ザルツァハ川のボート下り

Getragen vom glitzernden Strom
erfreute mich der sanfte Gegenwind
der aus der heißen Sahara über die Alpen kam
Goldbraune Blätter wirbelte er aufs Wasser hinaus
Verdorrt hat sie die ungewohnte Sommerhitze
Sogar meine Haut schimmert in der Farbe des Sommers
Strahlen diese Farbe und mein Entzücken
noch im Herbstgrau
wenn alle Blätter fallen?
Schau auf den Glanz des Wassers
Das Boot gleitet hinein schwerelos
in Wirbeln dem Sommer entlang

Sie kommt aus den Bergen. Bis vor zwei Jahrhunderten war sie ein rauschender Fluss mit Kiesbänken, Wirbeln und Strömungen, die so manches Schiff auf dem Weg von Salzburg zum Inn und zur Donau in Bedrängnis gebracht hatten. Doch längst ist sie begradigt und scheint gezähmt, bis sie wieder einmal mit gewaltigen Fluten alles an ihren Ufern überschwemmt. Es ist ein Genuss, mit dem Kahn, einer Plätte, wie diese Boote in der Gegend genannt werden, bei heißem Sommerwetter auf ihren kühlen Fluten dahinzugleiten. Die steilen Hänge des Durchbruchstales ziehen kulissenhaft, doch ganz Natur, vorüber. An Häusern am Ufer sind Hochwasserstände der letzten Jahrhunderte vermerkt. Unfassbar in ihrer Höhe, vom Boot aus betrachtet, und auf einem Wasser, das so friedlich dahingleitet und uns trägt. Da und dort taucht ein Wirbel auf, weitet sich und vergeht wieder. In stiller Beschaulichkeit versenken sich meine Blicke hinein, wie gefesselt von diesen Strömungen aus der Strömung. Meine Gedanken ziehen in diese Wasserwirbel; Gedanken vom nahenden Ende eines schönen Tages, vom Abschied des Sommers, der bevorsteht, auch wenn das Wetter noch so tut, als ob er weitergehen würde. Sorgen um Zukünftiges mischen sich dazu. Mit meditativer Strenge weise ich sie zurück und konzentriere mich auf das Hier und Jetzt. Auf den silbrigen Glanz des Wassers, auf die Schattierungen von Grün an den Talhängen und auf die Leichtigkeit, mit der das Wasser fließt. Sonnenkringel tanzen darauf.

Sturm

嵐

Schwarz wie Pech
nimmt der Himmel
der Sicht den Frohsinn

der Wind wirbelt wie verrückt
die Stille mit sich fort

Regen prasselt
aus gespaltenen Massen
zu dick gewordener Luft

Die Gewalten des Sturms
zerschlagen Leben – unterschiedslos

Aus der Eile des Aufbruchs
trägt er uns hinüber
zur anderen Stille

Taifune gehören in Japan zur Lebenserfahrung für alle, die nahe der Küste aufgewachsen sind. Das Meer ist fast überall unseren Inseln nah. Meine Heimatstadt Kagoshima, in einer Bucht im Süden der großen Südinsel Kyūshū gelegen, ist diesen schweren Stürmen dank des Vulkans Sakurajima nicht ganz so stark ausgesetzt wie die direkt an den Pazifik grenzenden Küstenstriche. Stark genug trafen uns die Taifune dennoch. Der Name der Präfektur Kagoshima bedeutet „Bahn der Stürme" (Taifun-Ginza). Als wir in der Schule Geschichte lernten, verstand ich, dass Taifune auch etwas Gutes bewirken können. Sie hatten in jener Zeit, als die Mongolen in China herrschten, die Flotten vernichtet, mit denen sie Japan 1274 und 1281 erobern wollten. Unsere Kriegsschiffe siegten dank Kamikaze, des „Göttlichen Windes". Mit den Taifunen auf See konnten die Mongolen als Reiter der Steppe nicht umgehen. Der „Göttliche Wind" zerschlug ihre Flotten. Japan erreichten sie nicht. Daran pflegten wir Kinder zu denken, oder sollten das tun, wenn uns wieder einmal, wie mehrmals in jedem Herbst, ein Taifun mit sich fortzureißen schien und schier ertränkte mit Sturzfluten von Regen. Wie ist das Leben am anderen, dem westlichen Ende Asiens doch so schön, wo stärkste Stürme kaum an schwache Taifune heranreichen, stellte ich in den Jahren meines Hierseins fest. Und schlief zur Verwunderung meines Mannes besonders gut, wenn es draußen stürmte, obwohl ich sonst sehr wetterfühlig bin. Doch manche Sommerstürme kommen nicht wie Taifune vom Meer her. Sie entwickeln sich urplötzlich aus Gewittern heraus. Schnell, mitunter zu schnell, um noch Schutz zu erreichen, brausen sie heran.

Da werden sie mir doch unheimlich. Wie an jenem Sommertag an der Isar zwischen Alpenrand und München, an dem das Gedicht entstand. Der Tag war wunderschön. Für mich unglaublich schön mit trockener Luft und angenehmem Wind. Ganz anders als die schwüle Hitze des südjapanischen Sommers, die ich als Kind schon unerträglich fand. Jede Bewegung verursachte da Schweißausbrüche. Die Luft trocknete kaum, so feucht war sie. Doch hier an der Isar fächelte mir der sanft wehende Wind Kühlung zu, besser als jeder Fächer dies hätte tun können. Der Himmel war saphirblau. Im Süden zeichnete sich das Gebirgsmassiv der Zugspitze zart taubenblau ab mit milchigem Weiß darüber, das unmerklich ins tiefe Saphirblau überging. Ein seltsam zarter Windstoß weckte mich aus meiner meditativen Betrachtung hüpfender Lichtkringel auf dem Wasser, das über die Kiesbank vor mir strömte. Ein Windschub war es, dem nicht die übliche Kühlung folgte, sondern ganz unerwartet noch mehr Wärme. In diesem Moment erblickte ich etwas höchst Merkwürdiges. Über der Isar tanzte ein Wirbel aus trockenem Gras. Es stieg empor, bis über die Höhe der Uferbäume. Und sog Wasser meterweit mit. Dort, wo es der Wirbel erfasste, schien es zu sieden. Aufwärts weitete sich der Mini-Tornado trichterförmig. Plötzlich brach er zusammen. Das dürre Gras taumelte langsam nieder auf das Wasser. Die Strömung trug es fort. Als ob nichts geschehen wäre. Ich war fasziniert, verspürte aber auch Spannung und Unruhe.

Nach und nach wurde das Blau über mir milchig. Die Sonne verlor an Kraft. Der Wind schwächte ab und hörte auf. Aus meiner Haut kamen Perlen von Schweiß. Die Unruhe in mir steigerte sich zum Unbehagen. Die Stille, die ich sonst so schätze, wurde drückend. Als ich nach ihr schaute, weil mich das schwindende Licht irritierte, war die Sonne zur weißen Scheibe geworden. Minuten später verschwand sie. Eine pechschwarze Wand schob scharf gerundete Ränder immer höher empor. Aufkochend überstiegen Wolkentürme einander, oben grell weiß, unten tiefschwarz. Wie vom Fluss dirigiert, wälzte sich das Gewitter heran. Die heitere Leichtigkeit des Sommertages trieb es fort mit grollendem Donner, der uns körperlich erzittern ließ, wenn er uns mit heftigen Stoßwellen traf. Wir beeilten uns, zum Auto zu kommen. Aber der zum Sturm anschwellende Wind kam uns zuvor. Zwar vermied ich, auf das Zucken der Blitze zu achten, aber die Donnerschläge folgten ohne Unterlass. Wir waren direkt unter dem Gewittersturm. Wie vom Donner aufgeschlagen, schüttete die Wolke Regenmassen aus, wie ich sie seit den Taifunen in Japan nicht mehr erlebt hatte. Hagel mischte sich dazwischen. Einzelne Körner zunächst, dann in einem Schauer, dass den Pfad eine glitschig weiße Schicht bedeckte. Zerschlagene Pflanzenteile mischten sich darunter. Hagel kannte ich vom Taifun nicht. Völlig durchnässt erreichten wir das Auto. Der Parkplatz war nun fast knöchelhoch überflutet. Kaum angekommen, trat eine Stille ein, die wie angehaltener Atem wirkte. Geräusche einzelner fallender Zweigstücke oder schwerer Tropfen unterbrachen sie nach scheinbar langen Pausen. Die Stille machte fassungslos. Die abziehende Wolke, angestrahlt von der Sonne, wurde schöner und schöner. Wie zur Versöhnung trat ein riesiger Regenbogen hervor: Trugbild nach der Vernichtung durch Sturm und Hagel. Mildes Abendlicht breitete sich aus. Ich meinte, Beethovens Sechste zu hören.

Nach dem Sturm

嵐の後で

Licht erwacht aus der Stille
Angst verzieht sich in die Ferne
Leben bleibt hier im Jetzt
Wer erteilt nun den Segen?

Wenn das Denkmal errichtet sein wird
an jenem Ort, an dem Wirklichkeit geworden war
der Albtraum
werden wir vergeblich stehen
in Trauer versunken und machtlos
vor den Kräften der Natur

Ich komme aus einem Land, in dem man mit Naturkatastrophen leben muss. Stürme, heftiger als die schwersten in Europa und als Taifun international zum Begriff geworden, Vulkanausbrüche und Erdbeben gehören zur Erfahrung von Kindestagen an, zur Lebenswirklichkeit in Japan. Das Seebeben, das am 11. März 2011 den Tsunami auslöste, der zwanzigtausend Japanern das Leben kostete und die Reaktorkatastrophe von Fukushima verursachte, verknüpfte auf fatale Weise Natur und Technik zu einer neuen Katastrophendimension. Dass daraufhin in Deutschland der Atomausstieg beschlossen wurde, versuche ich zu verstehen, ohne aber die Logik nachvollziehen zu können. Denn die politischen Reaktionen auf die großen Hochwasser, die hier so viele Schäden anrichteten und mehr Menschen das Leben kosteten als die Reaktorhavarie von Fukushima, fielen so schwach aus, als ob es sich doch bloß um Versicherungsfälle handelte. Rituale, wie Kerzen anzünden und Blumen auslegen für die Opfer oder Andachtsminuten, vermitteln nicht gerade die Hoffnung, dass sich Vermeidbares nun verhindern lassen wird, weil entsprechende Maßnahmen getätigt werden. Darüber nachzudenken, macht mich trauriger als die Erinnerung an Daten wie den 11. März 2011 oder die Atombomben auf Hiroshima und Nagasaki. Wir haben gelernt, mit Taifunen in Japan zu leben. Es ist Wind, der verweht. Wie so manches, was man vorgibt, den Opfern schuldig zu sein.

Bitterfrost

酷寒

Zum Morgenglanz im Bitterfrost
fügt hinzu die Meise ihren Liebeshauch
Der Tag lächelt im Frühlicht der Sonne
als sei die Nacht nun weggefroren
Wonnevoll schickt die Kleine ihre Rufe
in kristallene Kälte mit steigender Sonne

Es ist bitterkalt und stimulierend zugleich. Was für eine Atmosphäre erzeugt die Sonne jetzt schon? Ihr Licht gibt den Vögeln neue Kraft. Mich weckt die kleine Meise für den neuen Tag. Er lächelt mir frostig zu.

So ist die Sonne

太陽ってそんなものだ

Aus dem Wolkenspalt
ergießen sich weithin
Ströme von Licht
So ist die Sonne

als hätte sie mir
die Wolken aufgetan
als hätte sie mir
mein Herz eröffnet

So ist die Sonne

Ein wolkenloser Himmel ist schön, aber fast zu perfekt. Zu statisch. Nichtssagend. Für Japaner hat das Unvollkommene einen besonderen Reiz. Eine Schale oder eine Vase wird oft mit einem kleinen Fehler versehen, der Hinweis auf die Perfektion sein soll. Ähnlich verhält es sich für mich mit dem Himmel. Fließt Licht in breitem, kräftigem Strahl aus einem Wolkenspalt zur Erde, wirkt es ungleich stärker als die strukturlose Fülle der Helligkeit, die uns erreicht, wenn es keine Wechselwirkung mit Wolken gibt. Wo überall Licht ist, fehlen Schatten, die uns die Welt strukturieren und in ihrer Veränderlichkeit darstellen. Der Strahl aus den Wolken spiegelt meine Sehnsucht nach Sonne. Wie oft ersehne ich sie, wenn trübes Wetter zu lange anhält und die Tage nicht hell genug werden. Ist dieses Verlangen nicht eine Selbstverständlichkeit? Nicht nur für uns Menschen, sondern für die ganze Natur. Die Landschaft braucht Licht, wie die Nacht den Morgen, den neuen Tag. Im Lichtspalt zwischen den Wolken erblicke ich mein Ich, mein Herz, das sich wieder dem Leben öffnet, wie frühmorgens das Fenster beim Blick hinaus in den Garten.

Es ist das Unvermittelte, gleichwohl Erhoffte der Sonnenflut, die sich zwischen Wolken bahn bricht, das mich so sehr bewegt. Das Gedicht „Weg" von Takamura Kōtarō kommt mir in solchen Augenblicken in den Sinn:

> Es gibt keinen Weg vor mir; der Weg liegt hinter mir
> Oh Natur, Vater, großer Vater, du hast mich selbstständig gemacht
> Behalte mich im Auge, erfülle mich mit deiner Standhaftigkeit
> Für diese weite Reise, diese weite Reise

Die Botschaft, die ich diesem gebetsartigen Ruf entnehme, bedeutet für mich, dass ich auf meinem Unterwegssein nicht in die Zukunft blicken kann, sondern auf mich selbst achten muss. Auf meine Natur, auf die Natur. Sie ist die Kraft, die ich für einen Augenblick im Licht des Wolkenspalts erkenne. Und als Liebe empfinde.

Vor Tau und Tag

朝露

Halbmond im Morgenschein
Milch-See auf Nebelwiese
wallender Vorhang
Vogelgesang und Feuerball

Tausendfach gespiegelte Zwergensonnen?
in Tautropfenperlen

Voll tönt der Chor
Es wurde Licht!

Zauberhaft ist die Morgendämmerung. Wiesen atmen im Nebel. Als milchiger See breitet er sich aus, uferlos überfließend und vergehend. Diese Zeit ist für mich ein Geschenk. Sie birgt die Verheißung, dass der Tag gut wird. In der Frische der Luft fühle ich mich verjüngt. Die Gesänge der Vögel regen an wie Energie, die zufließt, ohne sie freisetzen zu müssen. Die Strahlen der Sonne nehme ich hingebungsvoll auf. Sie schenken mir mehr als nur Wärme. Wieder einmal bin ich meinem Hund dankbar, dass er mich dazu veranlasst hat, zu so früher Stunde hinauszugehen. Der Tag ist gewonnen.

Wiesenblumen

里山の草花

Margeriten in Weiß
Taglichtnelken in Rosa
Hahnenfuß in Gelb
und Roter Mohn
Blütenschmuck des Sommers
an Wegen und Rainen

Eine pflücke ich mir
mit schlechtem Gewissen
die hellblaue Wegwarte
und stecke sie in die Vase

Der Blick auf ihre Blüten führt mich zurück
auf all die Wege
die ich gegangen bin
lässt wieder entstehen den Zauber jener Zeiten
Wie ein Wink vom Land
wo die Wegwarte auf jemanden wartet
der noch nicht an ihr vorbeigegangen ist

Ein kleines Stück Natur ist es
das jenen Sinn gibt
in dem ich mich erfreue
meines Lebens

Ikebana ist die Kunst, Blumengestecke zu machen, ohne die Blüten zum Strauß zusammenzupressen. Nicht in der Fülle soll die Wirkung liegen, sondern in der Besonderheit der einzelnen Blume oder einiger weniger, die durch begleitende Gräser oder Halme hervorgehoben wird. Ikebana prägt meine Art, Blumen zu betrachten. Ikebana ist die Kunst, das Natürliche zum Kunstwerk zu gestalten. Am Straßenrand fand ich sie, Ikebana naturgewachsen, aufgereiht, strahlend in einem Blau, das der Föhnhimmel nicht übertreffen kann, und vergänglich, weil jede Blüte nur einen Vormittag blüht: Wegwarten. Blaue Blume des Sommers, der Romantik. Sie wachsen dort, wo Autos vorbeischießen und man nicht verweilen kann, sie zu bewundern. Kaum aufgeblüht, werden sie niedergemäht, weil am Straßenrand nichts blühen darf. Sonst sieht er nicht gepflegt aus, der Rand, an dem keine Fußgänger gehen sollen. Ich wollte sie in meinen Garten holen, aber es gelang mir nicht. Ihr Name ist ihr Programm: Wegwarte. Aber sie öffnete mir in den kurzen Augenblicken des Vorbeifahrens den Blick auf die anderen Blumen, auf den Huflattich, der schon im Vorfrühling goldgelbe Körbchen öffnet und der Sonne entgegenreckt. Dazu müssen sie mehr als eine Vierteldrehung von Ost nach West im Lauf des Tages machen. Oder den Mohn mit seinem sinnlichen Rot, das an jeder seiner Blüten auch nur einen Tag hält, die Margeriten mit ihrem Dotterzentrum und dem weißen Strahlenkranz, die, unverständlich für mich, Gemeine Wucherblumen heißen sollen. Im Garten achte ich darauf, dass sie in kleiner Gruppe überleben, Jahr für Jahr wiederkommen und im Mai erblühen.

Doch die Wegwarte übt einen besonderen Zauber aus an Rainen und an selten begangenen Wegen. Einmal wenigstens möchte ich vom Aufgehen der Blüte an bei ihr verweilen können, bis sie sich am frühen Nachmittag wieder schließt und vergeht.

Haiku

I
揚雲雀天まで競ふ恋心

Himmelansteigende Lerche
Liebesschau hoch klingend

Unermüdlich singend steigt die Lerche himmelwärts, minutenlang ohne Pause, wie magisch in die Höhe gezogen. Fluggesang, der das Weibchen beeindruckt mit seiner Leidenschaft und die Rivalen warnt mit dem Durchhaltevermögen. Das Lied der Lerche gibt Hoffnung auf den Tag und für die Zukunft.

Jahreswort: Lerche für Frühling

II
春の河重き月日を押し流す

Die Frühlingsflut schiebt fort
die schweren Wintermonate

Die winterklar dunklen Wasser des Inns lässt die Schnee- und Gletscherschmelze in den Hochalpen zu milchigen Fluten anschwellen. Sie wälzen fort die grauen Wintermonate.

Jahreswort: Frühlingsflut

III
蛇の跡草も姿勢を正しけり

Kriechspur der Schlange
die Gräser richten sich auf

Grashalme, die sich leicht zur Seite neigen, ein kaum vernehmbares Rascheln vielleicht, wie ein Phantom ohne Körperschwere gleitet die Schlange dahin. So mühelos. Mühe habe ich, ihrer Spur zu folgen, denn die Gräser richten sich wieder auf, als ob nichts gewesen wäre. Und ich mich nur getäuscht hätte.

Jahreswort: Schlange für Sommer

IV
木洩日をくぐる子猫や秋浅し

Hecke im Streulicht
eine Katze schlüpft in den Herbst

„… der Sommer war sehr groß!" An diese Zeile aus Rilkes Gedicht „Herbsttag" musste ich denken, als sich ein Nachsommer vom Feinsten dem Ende zuneigte. Wochenlang hatte das Hochsommerwetter angehalten. Doch heute legte Frühnebel goldhelles Streulicht von der Hecke aus über meinen Garten. Versonnen sah ich hinein, die Morgentasse Tee in der Hand. Ein tiefgoldenes Augenpaar, den Blick auf mich gerichtet, blickte aus der Hecke zurück. Dann löste sich

‚Sissi', die schwarze Katze der Nachbarn, aus dem Dunkel des Heckengrundes. Und als ob der Garten ihr gehören würde, durchschritt sie ihn in gemessener Ruhe, den Schwanz hochgereckt.

Nein, er war nicht mehr da, der Herr des Gartens, mein Hund. Sein Leben war zu Ende gegangen, noch bevor jener große Sommer anfing. Sissi, seine kleine Feindin, tat so, als ob sie die Siegerin wäre. Von der Birke taumelten einige gelb gewordene Blätter zu Boden. Das Gewicht des Nebels, der sich an ihnen niedergeschlagen hatte, war zu groß geworden.

Jahreswort: Herbstbeginn

V
黄落や金色の風旅に発つ

Herbstlaub zieht fort
mit goldenem Wind

Gelb verfärbt, doch leuchtend schweben und rollen die Blätter dahin, getrieben vom steten Wind. Er kommt aus dem Osten. Die strahlende Herbstsonne täuscht, mahnt seine Kühle. Unerbittlich läuft die Zeit.

Jahreswort: Herbstlaub

VI
残雪の厚き面を捲る風

Der Wind entblättert dicke Hüllen
des erfrorenen Restschnees

Er schmilzt nicht und schwindet doch, der Schnee, der seit Wochen liegt, aber immer weniger wird. Der Wind nimmt ihm Schicht um Schicht von der verharschten Oberfläche und macht ihn dabei schmutzig, den weißen Schnee.

Jahreswort: Restschnee

VII
大枯野風の攫ひしベレー帽

Auf weißer Winteröde entreißt mir
der Wind die Baskenmütze

Der Wind fegt über die Winteröde, weite und breite Öde. Seine Stärke schwillt an draußen auf der Flur, je öder und breiter sie sich hin dehnt. Die Baskenmütze, die fest sitzen sollte, wurde mir vom Winde fort gerissen von einer schrecklich starken Windböe.

Jahreswort: Winteröde

VIII
初明かり命まるごと戴けり

Im Licht des Neuen Jahres
Fülle des Lebens empfangen

Im Neuen Jahr ist alles frisch und großartig, sogar die Sonne wirkt besonders schön erfüllt von Lebenskraft. So soll das Jahr beginnen mit Zuversicht. Es hat alle Hoffnungen vor sich. Das Jahr füllt Leben mit Lust. Botschaft des Neubeginns.

Jahreswort: Licht des Neuen Jahres

IX
さくらんぼ一粒づつに日の女神

Jeder Kirsche innewohnt
eine Sonnengöttin

So rot, so rund, so reif, so voller Sonne und Süße. Was für eine wunderbare Frucht ist die Kirsche. So sehr ich mich auf den Genuss freue, so zögere ich doch, in dieses Wunder hinein zu beißen.

Jahreswort: Kirsche

Haiku I bis IX wurden zwischen 2017 und 2020 in der Haiku-Zeitschrift *Hinoshima*『火の島』veröffentlicht, die in Kagoshima, Japan, erscheint.

Dank

Die Melodie der japanischen Sprache ist in mir inzwischen im Abklingen. Bei der Übersetzung meiner eigenen Gedichte blieb ich befangen vom Deutschen. Es fiel mir schwer, die Tiefe des Japanischen zu erreichen.

Ich empfinde es als großes Glück, dass ich den Dichter Okada Tetsuya aus meiner Heimat kennenlernen durfte. Herr Okada verstand es, mich zurückzuerinnern an die feinen Künste des Japanischen, so dass ich die Melodie meiner Muttersprache, jedes Blatt des Wortes, wie es darin heißt, wieder mithören konnte, während mich die Freude über die Berührungen mit der Natur durchströmte. Dafür danke ich ihm, der so konsequent die Sprachtiefe pflegt, ganz herzlich.

Danken möchte ich besonders auch Dr. Martin Brinkmann, der dieses Bändchen anregte und das Erscheinen möglich gemacht hat. Dieser Dank schließt den Verlag mit ein, ohne den das Vorhaben (m)ein Wunschbild geblieben wäre. Dass Johann Brandstetter, einer der weltbesten Künstler für Naturillustrationen, das Umschlagbild gestaltete, stellt für mich ein großes Geschenk dar.

Herrn Makoto Watanabe, Berlin, danke ich für die ebenso gekonnte wie einfühlsame Betreuung speziell des japanischen Teils ganz herzlich.

Über meinen Mann, den Biologen Josef H. Reichholf, erschloss sich für mich die Natur mit ihrer Schönheit, Vielfalt und Tiefe. Aus der Fülle der Erlebnisse formte sich Gedicht um Gedicht. Mögen sie dazu anregen, die Natur besser zu schätzen. Sie gibt uns viel mehr zurück.

München, im August 2021　　　　　　　　　　Miki Sakamoto

Quellen

Die 30 hier zusammengestellten und neu bearbeiteten Gedichte wurden mit Ausnahme von „So ist die Sonne" ursprünglich veröffentlicht in:

Akzente 5/2005, München („Zikadengesang" und „Sturm")

Kostbare Augenblicke, Berlin & Milow 2005 („Pfade im Schnee", „Kreuzotter", „Kokedera", „Nachtigallen", „Unsichtbare Spuren", „Stimmung", „Stiller Herbst", „Frivol ist der Klatschmohn", „Suche nach der Zeit", „Nebelsicht", „Kurze Skizze zu einem langen Tag", „Winter", „Schnee am See" und „Bitterfrost")

Waldzeiten, Remagen-Oberwinter 2007 („Verse des Lebens" und „Vor Tau und Tag")

Vergängliche Spuren, Remagen-Oberwinter 2014 („Dauerregen", „Steigende Hitze", „Treue Seele", „Grau", „Sommerfahrt auf der Salzach", „Nach dem Sturm" und „Wiesenblumen")

Scheidewege 45 (2015/16), Reutlingen („Herbstgedanken" und „Nebelmorgen")

Krachkultur 20/2019, München („Schwänin" und „Gang in die Aue")

Neu geschrieben wurden die Erläuterungen zu den Gedichten.

詩集『儚い足跡』(ドイツ語・和訳 二〇一四年)

歴史小説『桜への旅路』(明治生まれの祖母の体験した時代の変遷 和訳 二〇一六年)

散文『森に浸る』(ドイツの森の散策記述 ドイツ語 二〇一九年)

散文『ガーデニング 禅のこころと幸福』(ドイツ語 二〇二二年)

他に新聞・雑誌に多くの随筆を発表

著者略歴　Vita

一九五〇年　鹿児島市に生まれる。聖心女子大学卒業
一九七四年　ミュンヘン大学　入学
一九八五年　ミュンヘン大学　修士課程修了（文化人類学、比較思想専攻）
以来、バイエルン州（ミュンヘン）に在住、創作活動をつづけている

著書　Veröffentlichungen

生物専門書『森の推移』（ライヒホルフ・サカモト共著　ドイツ語詩　一部和訳　二〇〇五年）
詩集『貴重な一瞬』（ドイツ語　二〇〇五年）
生物専門書『街の自然』（ライヒホルフ・サカモト共著　ドイツ語　二〇〇七年）
散文『ミュンヘンの街の解放感』（ミュンヘン建都記念八五〇年祭に寄せて　ドイツ語　二〇〇八年）
歴史小説『桜への旅路』（明治生まれの祖母の体験した時代の変遷　ドイツ語　二〇一一年）

これらの詩は、夫、ヨゼフ・ライヒホルフ（生物学・生態学専門）との出合いで、湖沼や野路に野外科学のお供をして、まず動・植物の名前を覚えることに始まった、小さな覚え書からうまれました。その折々に、私はめずらかな花との出合いに感動し、また小さな動物をつまびらかに観察する喜びにも恵まれ、生きとし生けるもののいのちを、さらに尊ぶようになりました。自然をねんごろに説明してくれた夫への感謝は、言葉では言いつくせません。

もともと風光に、水や磐に、小径にもそして草花にも、詩はいっぱいあふれています。しかし、文明の進歩にともなって、私たちは自然から遠のいてしまいました。ここに載せられた数編の詩が、疎遠になっていく自然に、私たちが今一度帰れるよう、そして人と自然とのすばらしい共生に役立てられるよう、心から願います。

令和三年　春

阪本美紀

感謝　Dank

母国語である日本語の調べを、私はかすかにしか覚えていません。ですから、拙詩を訳す時、原語にとらわれすぎて、日本語の淵に容易にたどり着けませんでした。その時、同郷の詩人、岡田哲也さんのご好誼にあずかったのは望外の幸せでした。岡田さんが、日本語の綾を私に思い出させてくれたおかげで、私は、久しく忘れていた母国語の調べに耳を傾けながら、あらためて自然に触れた喜びを詠むことができました。純真に言葉を慈しんでこられた岡田哲也さんに真心からお礼を申し上げます。

そして詩集の上梓を企ててくださったマルティン・ブリンクマン博士、また、出版社の皆様方のご尽力にも深く感謝申し上げます。またイラストレイターとして、世界的な名声を浴びておられるハンス・ブランドシュテッター氏に、カバーを描いていただいたことはとても光栄でした。まことに有難うございました。

日本語の文字の構成に力をつくし、二か国語でのレイアウトを見事に完成してくださった、ベルリン在住のグラフィックデザイナー渡辺誠さんに、その巧みさそして日本的な細やかなお心遣いに厚くお礼を申し上げます。

わたしは里山に帰れる
花一輪が
この一瞬を温めるとき
わたしは心のふるさとに帰れる

レンゲが、蝶とミツバチをさそう。バッタが足もとを跳ぶ。その一瞬一瞬が喜びにあふれている夏の里山。キクニガナはドイツ語ではベーグバルテというが、その名前から、あたかも人を道路で待って咲いているように思える。午前中に花を開き、午後は閉じてしまう。その薄青く、光線の具合によってはいくらか紫を帯びた可憐な花は、車の走る道路の道端にもいっぱい咲いている。その奇麗なことといったら、もったいないほどだ。心が咎めながらも、キクニガナの一輪を摘んで、じみな備前焼に挿した日のことである。

里山の草花　Wiesenblumen

マーガレット
ナデシコ
キツネノボタン
ケシ

白　桃　黄　紅　色とりどり

そしてうす青色の
キクニガナが
あたかも誰かを待つように
道ばたに咲いている

それをちょっと拝借して
花瓶に挿す　と

まだ薄暗いが、月の明かりがかすかに輝く中での早朝の草原。日の明かりとともに、小鳥がおもむろに歌い始め、自然がおのずから一日の指揮を執る。草の葉先のどの露にも日の光が輝く。みるみるうちに、視界はいっせいに強い日輪に照らされ、鳥のコーラスが高く、大きくひびきだした。一日のその始まりに、エネルギーが授かる。五感をとおして自然の繊細さがさずかる時、体中に瑞々しさがみなぎる。

朝露　Vor Tau und Tag

半月があわくなると
霧におおわれた草原は　乳色の湖になる
しののめの光に　一日の幕がゆれうごく

燃える日輪にこたえる
小鳥のさえずり……　ピアノ
一つ一つの露にうつる
何千ものちいさな陽のひかり

やがて鳥がうたいだす……　フォルテ
一帯はもうすっかり明るくなって
光が響きはじめる

太陽に照らされると、気持ちが大きくなる。生きている今は、常に人生の途上であって、わたしたちには未来がある、と思える。すると、高村光太朗の『道程』の詩が浮かんでくる。『僕の前に道はない　僕の後ろに道は出来る　ああ、自然よ　父よ　僕を一人立ちにさせた広大な父よ　僕から目を離さないで守る事をせよ　常に父の気魄を僕に充たせよ　この遠い道程のため　この遠い道程のため』太陽の温もりのおかげで、私は、友であり、師である自然を肌に感じることができる。自然こそが、自分に力の足りない時、気魄(きはく)を満たしてくれる。その確信が太陽の光に輝いている。

太陽ってそんなものだ　So ist die Sonne

雲のはざまから漏(も)れる
一点の煌(きら)めきが
空いっぱいに拡がる

太陽ってそんなものだ
夜が明ければ　朝がくる

心のはざまから漏れる
かすかな光が
胸いっぱいに拡がる

太陽ってそんなものだ
心をひらけば　光が響く

きびしい寒波に襲われ、雪さえも乾ききってしまう、氷点下二十度。しかし、昇る太陽が鳥を励ます。凍える寒さを、小さな鳥は跳ね返すように精いっぱい歌う。そうすると、不安がまったく消え、私たちも元気をとり戻すことができる。そうして一日が明ける。

酷寒 Bitterfrost
===

薄明りの中で
小鳥が歌いはじめる
楽しそうだ
そうして一日が明け始めると
夜が
凍え縮んだように
姿を隠してしまう
太陽を浴びて
凍る寒さを跳ね返すように
小鳥が歌っている
楽しそうだ
とても愉しそうだ

心に灯りをともそうとする
そうして一時的に自分を慰める
だれにも行方もわからぬ
いのちゆえ

だからいまでも目頭からは
熱い涙があふれいづるのだ

アルプスの麓で、嵐が急に来れば、私には決まって日本の沿岸地域を襲う津波が思い出される。だが、どこにいても、人間が体験させられる自然災害の悲惨さには変わりはない。ドイツでも洪水や嵐、とくに落雷での死者・被害者はあまた出る。偶然に生き残った者は、ろうそくを灯し、線香を焚き、花を供え、合掌することしか術をしらない。ただ、時が、悲しみを癒し、いつかどの人にも知らず知らずに明るさが甦る。夜を明かせば朝日が昇るように。私たちはそれを信じて今日を生きている。

嵐の後で　Nach dem Sturm

嵐の後の静けさのなかで
追いつめられた脅威(きょうい)と恐怖のなかで
かすかに息をふきかえすものがある
今ここに残された人々の
いのちだ
そして遺(のこ)されたわたしたちは
なすすべの無さから
他界した人の霊魂を慰めようと
諸手をあわせる

亡くなった人は　甦らない
それを打ち消すかのように
明るさをとりもどそうとする

わたしたちは黙るのではない

黙らざるをえない　嵐の真っ直中で

傍観するわたしも　また

無言の影法師となって

　瞬く間の出来事だ。重々しい大気の裂け目から雨が激しく降り出す。ベートーヴェンの交響曲第六番『田園』《雷雨と嵐》の章に聴けるが、嵐（山から吹き下ろす激しい風）は、突然起きて、数時間後には何もなかったかのようにおさまる。日本にいたころ、その『田園』が、私にはとても不可解だった。台風（巨大な空気の渦巻き）には序があり、クライマックスがあり、その余波まで体験していた私には、ドイツでの急激な嵐はまったく新しい経験だった。とても天気のいい日に限り、山河をあるくのだが、突然の不天候に驚かされる。その場に佇み、無事を願い、ただ空を眺める。と、あの交響曲第六番が耳にながれる。

嵐 Sturm

わたしたちは黙るのではない
黙らざるをえない　嵐の真っ直中で

おちつかず　心ぼそい
わたしは急に　ふるさとで体験した台風の
前触れ　クライマックス　余波を思い出す

しかし『青天の霹靂(へきれき)』とはこのことか
突然　不気味な暗闇が青空を覆(おお)い
大気の裂け目から激しい風が吹き荒れ
大粒の雨が地面をたたきつける

いやそんな先のことより　ごらん
光りかがやく川面を
いくつもの渦(うず)をぬい
ボートはかるがると
夏の色をのせて　下ってゆく
ザルツァハ川を　下ってゆく

ザルツァハ川の水源は、オーストリアのキッツビュール・アルプス。この河川一帯は、十四世紀から十九世紀までは、塩の輸送で栄えていた。後、その運搬は鉄道が代替するようになった。ザルツァハ川はドイツ領バイエルン州とオーストリアとの国境をなしている。川下りの見どころは、実に簡易な屋根船からヨーロッパで最長、難攻不落のブルグハウゼン城壁（一キロメートル以上）を望めることだ。この川下りの最終渡し場は、世界ジャズ・フェスティバルで有名な、嘗ての貴族の贅を尽くしたという遊山用の屋形船への郷愁郷愁をそそるブルクハウゼンの町。がふと水の泡のごとく浮く。

ザルツァハ川のボート下り　Sommerfahrt auf der Salzach

熱いサハラから
アルプスをこえて吹く風が心地よい
ザルツァハ川をボートで下れば
光りかがやく川面では
黄金の枯葉が　渦(うず)に巻きこまれている

いつにない猛暑だ
夏色を帯びたわたしの肌と
光りかがやく川面は
やがてくるしずんだ秋には
どんな光芒(こうぼう)を放つのだろう

風が　自らの歌を
高くはるか遠くへ
吸い上げていく
ユリカモメを友として
ユリカモメを供として

灰色は光を放たず、瞑想的な色調が周りにただだよう。空は雄大で、雲の様々な模様が野性味にあふれ、妖しくみだれ動いていた。そんな中で、ユリカモメの飛翔に心が晴れる瞬間だった。その鮮やかさは、心の深部にある幽明の世界をうつすのだろうか？（ユリカモメは別名を「みやこどり」と言い、在原業平が隅田川で詠んだという「都鳥」がもととなって東京都の鳥、すなわち「都鳥」にもなっている。『大都会を生きる野鳥たち』川内博）

灰色　Grau

風が　ユリカモメを
冬の空に吹きあげている
荒れはてた陸(おお)は
灰色の影に覆(おお)われている
白にも近く　黒にも近い

風は　ユリカモメをつれて
どこへいくのだろう？
ユリカモメの翼は
無言の灰色の空をつき抜けて
どこを目指すのだろう？

雪に言葉が溶けていく
わびしさ

その冷たくなった言葉が
わたしのなかに
暖をもとめている

全体が灰黒色のオオバンの額と嘴の白さが、湖に降る雪によく似合っていた。さいわい、警戒心はほとんど見られなかったため、カラスとのこの偶然の出会いが目に付いた。もう水草もほかの水生生物も十分見つからないのだろう。そんな湖沼に棲むオオバンを、ことのほか不便がるのは、今日の冬景色がわびしく映るからにちがいない。

湖の雪　Schnee am See　〜オーストリア　ツェル　アム　ゼー〜

雪が湖水に沈んでいく
わびしさ
オオバンに与えたパンを
くすねるカラスの
わびしさ
わたしの頬に溶けた雪が
涙のように熱く流れる
雪に一日が沈んでいく
わびしさ

冬の日の
白い世界に
暖かい日への
黒い渇望が浮かびあがる

垂れた白樺の枝が、凍った雪のうえに影をおとす。日輪は、雪にひときわ輝くけれど、その光とて弱弱しい。だからこの寒さに、私たちも呑み込まれてしまいそうだ。そんな景色の中に、生き物がいると、ほっとする。漆黒のカラスは何を語りたいのか？じっと佇むカラスを見ていると、暖かさへの願いが無性に沸き上がる。

冬　Winter

冬の寒さは
わたしたちから
会話を奪う

冬の寒さは
カラスたちから
飛翔(ひしょう)のよろこびを奪う

陽ざしが
雪の絨毯(じゅうたん)のうえに
白樺の枝の
影模様を描いている

降ったばかりの雪の舞台で
眼を輝やかせる光の
その尾がゆれている
光には　どうもとろける
時もある。そこに、粉雪が新たに降ると、雪景色は、また微妙に表情を変える。まだ誰の足
降り積もった雪は、かならずしも純白ではなく、天候や時刻によっては淡い墨にぬられてしま
跡も踏まれていない時、雪はかがやく。愛犬は、その時間に雪と戯れることが一番好きだった。
「とてもきれいな犬」と褒められどおしだったので、自信がわき、愛犬を『光』と改名した。

忠誠　Treue Seele

　　〜愛犬　光の君に〜

深い雪のなかで
光は何を探しているのかな？
鼻についた雪が　くすぐったいのかな？
光は鼻に皺をよせる
わたしが笑えば　光はむきになって吠える
まともに相手にされないのが不服なのね

でも光君　雨の日も吹雪の日も
毎日散歩してあげるでしょう？
あなたは忘れてしまったの？
いえいえシッポがゆれているよ
忠誠・信頼などと言葉では言えないね

わたしは小さな艀(はしけ)となって往ったり来たりする

風が山にぶつかり、山を登る風上側と下りる風下側で気温が大きくちがってくる急な変化「フェーン現象」を、私は、アルプスの裾野でしばしば体験する。山脈の風下側には冬にも温暖な風が吹いて、時節感がなくなることもある。その時、空の彩はとても神秘的だ。アルプスが、雲や霧や霞から払いのけられて、青空にくっきりとそびえたつ。だが、この日には一種の気象病で、倦怠感や頭痛に悩まされる人も少なくない。

長い一日の短いスケッチ　Kurze Skizze zu einem langen Tag

明るく生ぬるい空気が
ふいに流れおちてきた
アルプスの山をおりて
ふいに押しよせてきた

太陽は雲間から
神秘的ないろどりで
一瞬の間に
永遠を語らんかのようだ

それはわたしの希望そっくりだ
光と風の津波の中

夕靄の湖におりたつ
ルードヴィッヒ王の
夢のかけらか
化身のように

　自らを伝説の主人公に擬したルードヴィッヒ王は、法悦の夢にふけったと伝えられる。ルードヴィッヒ王の退位で、超豪華なノイ・シュバンシュタイン城の建築は未完に終わった。城はいたって有名で観光客がたえないが、城自体よりもその眺望が私の心をとらえる。遠くからノイ・シュバンシュタイン城を望み、駆られる郷愁と虚しさは、その『夢の城』から来る儚さのためだろうか？どれほど時間が経ったろう、白鳥を連想させる雲の影が浮いて、ひかる湖がみえ出した。しかし、今度は、霧の中に、今しがたまで淡い影のように浮いていた古城も、この地帯特有の霧の中に、その姿を消してしまったのであった。変幻窮まりない山の表情に出合う。まさしくそれをルードヴィッヒ王は最も大切にしたといわれる。

霧景色 Nebelsicht
〜ノイ・シュバンシュタイン城を望んで〜

たちこめる夕靄(もや)のなか
ルードヴィッヒ王の奇異な伝説を思う
そのどれほどが真実なのか
わたしはなかば頷きつつ
なかばいぶかしみつつ
城郭を見あげる

だが　見あげるよりは　むしろむなしい
『夢の城』という名前がそうさせるのだろう

すると いつのまにか
雲の峰から一羽の白鳥が生まれ

と　わたしは夢中で歩きだす

あの懐かしい滴(しずく)以前のしずく

わたしが　わたしであった

時を求めて

自分の生きるリズムを内に感じる時、過去と現在が、そして『いのち』という画像がくっきりと描かれ、あるリズムが生まれる。そこには、「画面の幅と奥行きがあり、さらに時間がくわわる。

そうすると、私が暮らす今の世界とは別の世界がつぎつぎに拡がり、奥深く、おりかさなる。

私は、過去と現在の流れに乗って、その未知の世界へと歩きつづける。「いのち」という一冊のスケッチ帳をしっかりと抱きながら。

時を求めて　Suche nach der Zeit

夜が明ける
と　昨夜のできごとは
揮発する美酒のように
芳香をなくす

光のなかで
白樺の枝の水滴が赤く輝く
と　その輝く光に
時のリズムを感じたくて
わたしは無心に歩きだす
そしてそのリズムが
メロディーをかなでる

霧の中では、風景の輪郭がおぼろで、神秘的な情景がかもし出される。そんな中に憩う白鳥はこよなく美しい。その時、クマゲラがあまりにも突然さけんだ。しかもその声のなんと大きく反響することか。それまでは水の音さえもしなかったのに。だが、思い出したように聞こえる自然の足音。そしてその動悸（どうき）。朝の冷気の音が聴こえるようだ。なんと生き生きとしていることか。

朝靄　Nebelmorgen

明け方の冷たさに溶けこみ
畔に浮き上がる河
朝靄に映える湖に
憩う一羽の白鳥
静寂を破るのは
ときおりのクマゲラの叫び声

朝の足音とともに
しだいに霧が晴れる
朝の鼓動とともに
一日の歩調が見つかったのか
明け方の静けさが音色を帯びる
その音響が活気を帯びる

暗い深夜に力をたくわえ
つめたい風にさらされている

愛への渇望（かつぼう）がよみがえる

月も星もない深夜を過ごしたかと思うや、今度は冷たい空気に震え、朝露に濡れる雛罌粟。生命のひみつが伝わってくるようだ。そして日輪がいっせいに輝くや、雛罌粟は、姿勢を美しくとりもどし、風に身をゆだねる。雑草に混じり、あまりにもデリケートなその花が、風に揺れる姿を見ると、おもわず息をのむ。道ばたにさりげなく咲く罌粟の、愛への憧憬（どうけい）がゆれている。

浮薄な雛罌粟(ひなげし)　Frivol ist der Klatschmohn

触れないで!
紅い花びらはすぐに散るのですもの
わたしを触っていいのは風さんだけよ

処女のままでいたい　と言いたいのか
道ばたの雛罌粟の鼻息は荒かった
が咲き終わると
塵のように地面に散っていく

そして雛罌粟は
もっときれいな花に生まれかわるため
もっとすてきな愛にであうため

ほどかれた多くの想いが

その証としてねむっている

　秋の自然にふれると、夏の陽気さや開放感がなくなる。周りが静かになるからだろうか、秋は、自分を見つめる時間を持ってきてくれる。数知れない落ち葉を見ながら、私は、今日という日を思う。昨日を振り返り、長い歳月を想起しようとする。すると、時の流れが私に詩をもってきてくれる。だからすべての思い出を、野路に敷かれた枯葉のように、静かに眠らせてあげたい。

秋の思索　　Herbstgedanken

雨が木の葉におちる音を耳にするとき
紅葉の鮮やかさが目に染みるとき
夏の思い出が遠のく
すると雨が秋に溶け行く

木の葉が散り
黄と栗色の葉っぱが
地面をいちめんにおおうと
時節の移り変わりが肌に感じられる

落ち重なった木の葉の下に
折重なった時間と歴史から

森は吸いこむ
わたしの言の葉を
そして沈黙を

渋い色調にかわり行く晩秋の森。誰もいない森の中に、音は妙に反響する。枯葉の落ちる音に、いつか冬の足音が聞かれ始める。すると緊張のせいだろうか、あたかも枝えだの弦がきつく張ってしまい、音さえも高く響いてきこえる。閑かな時には、どんなに小さな音も透き通る。ましてはキツツキの太鼓が大きく聞こえないはずはない。静かな森に浸ると、音響の世界が瞬(またた)く間に拡がりだす。

閑かな秋　Stiller Herbst

森は吸いこむ
露のしずくの
はねかえる音を

森は吸いこむ
枯葉のつぶやきを
古木のためいきを

森は吸いこむ
キツツキの太鼓を
澄んだ大気を

生きている
たしかに生きているのだ

哲学が『真理を愛する』ことなら、私は哲学が好きだ。だが、自分が『真理』を愛しているかと言っても、周りの人にとってもそれは真理なのだろうか？自分には分からない。ただ、瞬間を大切にして生きていることの実感と生命への愛着は、小さい絵にし、また詩に詠むことで表現できるかもしれない。

人生の詩　Verse des Lebens

生きている
たしかに生きているのだ

現実は見きわめられない
自分の目を開いても
真実は見つけられない
まなざしを澄ましても

日と陰のはざまの戯(たわむ)れが
もつれ重なりあう
いや　ただそう思えるだけだろう

クロアチアで、久しぶりに元気な蝉の声を聞いて、不意に故郷の夏を思い出した。南国に育った私には、夏の盛りに、蝉の声で昼寝ができず閉口したこともあった。昼過ぎから活発に鳴いていたからヒメハルゼミだったのかもしれない。ちなみに学校で、芭蕉の俳句『閑さや岩にしみ入る蝉の声』(この蝉は、ニィニィゼミだそうだ)をはじめて習った時、私はとても驚いた。「蝉が鳴けば閑さはなくなる」それが実感だったからだ。後、『閑さや』の意味を解するまで相当な歳月を要した。それは現実の喧しさではない。蕉翁の蝉を慈しむ『心の閑さ』なのだ。だが、蝉も歌も、繰り返しょんで味わうその結果として、後々に改めて気づき直すことが多い。俳句も歌も、な夏の風情だと知る一方、子供の自分にとっては、蝉の声に破れる風情より、甘く熟れた、真っ黒い種いっぱいの西瓜の方が、もっとずっと大事だったことは否めない。

蝉の声　Zikadengesang　〜クロアチアのオリーブ畑で〜

蝉の声
思い出される
ふるさとの

午睡の時間
西瓜のあまみ
種のつぶつぶ

短夜。時の速さは、肌に射す太陽に感じとられる。また、陽が沈む時、その動きには時計の刻む針の音は何も聞こえないとしても、わたしは時のささやきを聞く思いだ。日本人の感覚では、自分と自然が渾然(こんぜん)一体としているから、流れる川を見ながら、あるいは笑む桜を愛でながら、何も言わない川や桜の木との無声の会話があるのではないだろうか。その時、意識するしないとは別に、自然の懐に抱かれているという実感があり、幸福という言の葉がどこからともなく舞ってくるように感じられる。

焼けつく暑さ　Steigende Hitze

昼が長くなった太陽の下
焼けつく暑さに
時の速さが
肌にまで沁みとおる

自然がわたしに溶け込んでいるのか
わたしが自然に溶けこんでいくのか

そんな時　わたしには
幸福がどんな意味をもつのか
ちょっぴりわかる気がする

胸のマッチも濡れて
炎すら上がらない

長雨　長雨　ながあめ
な・が・あ・め

梅雨は、稲作に最も大事な雨だが、梅雨冷えのする陰鬱な天気が続くのには誰も閉口する。また、梅雨の末期に、ときに集中豪雨で犠牲者を生み、不安と悲しみに襲われながらも、日本ではだれもがその雨期を達観している。日本には梅雨明けが確かに予告されるからだ。だが、ドイツの長雨は予想外に深刻だ。せめて日本のような梅雨明けが予告されればいいのだが、梅雨ではないため期待はできない。百合や薔薇が長雨にさらされてしまう姿は、庭に未亡人が佇んでいるようでやるせない。

長雨　　Dauerregen

長雨　長雨　長雨
空から落ちてきた雨は
草の葉先から露が落ちるように
わたしの魂にまで落ちるのだ
長雨　長雨　長雨
湿気と寒さが身にしみる
長雨　長雨　長雨
雨はさらに激しく
音も激しくなった
長雨　長雨　長雨
何もかもが水浸しだ

長年、私はミュンヘンに住んでいたのでイザール川の上流をしばしば歩きまわった。そして、近年来、イン河のほとりを歩く(パッサウの街でドナウ川に合流する)そんな水辺の散歩で、必ず浮かぶのが『方丈記』の冒頭文、『行く川のながれは絶えずして、しかももとの水にあらず』過去も現在も、永久に河に流れゆく。その水面にうつる光と影を見つめていると、何かつぶやきを聞く。そのつぶやきはどこに行くのだろう。

水辺の散歩　Gang in die Aue

風を道連れに
わたしは水辺を歩く
川面には枯葉や芥(あくた)に混ざり
わたしの思いも
文字となって浮いている

しかし河は流れてやまず
わたしの言の葉を
遠いところへ連れさってゆく
その言葉の
意味とゆくえが知りたくて
わたしはきょうも
水辺を歩く

雷が鳴りひびくのだった
襲いあとを追うように
早足で逃げようとするわたしを
だがもう遅い

蝶は、蒸し暑い天気を好む。初夏から秋にかけ、吸蜜のため休む間もなく飛び回る。姫赤立羽(ひめあかたては)の後ろの翅模様はとても細かで、山黄蝶(やまきちょう)は、淡い黄色がうつくしい。羽化直後の翅の色は、殊の外みずみずしい。陽光の当たる林縁や低い疎林に沿った径(みち)を、パトロールしながら往復するその熱意に毎回心を打たれる。そんな蝶の飛翔を眺めていると、空の雲行きまでには目がいかず慌てたことがあった。

天気合(てんきあい) Stimmung

雨をはこぶ風に乗ってきた
ヒメアカタテハ
ヤマキチョウ
蒸し暑さと鬱陶(うっとう)しさのなかで
風のその贈り物にわたしは喜ぶ
だが蝶たちは
「あなたも早くお帰りなさい」
と　つげて
音もなくとび去って行った
蝶たちが消えた空は
突然暗い雲におおわれた

やわらぐ日差し
柳の蔭模様がゆれうごく
私はゆめごこちで周りをみかえす
時を忘れてしまったかのように
後にのこる郷愁(きょうしゅう)を追う

私は、蛇を怖いとは思わない。祖先が、動物をとてもかわいがり、家の中にも、庭にも動物がいたことが忘れられないからだろう。子供の頃の体験は、いつも瞼に浮かび、動物を愛護することは当たり前だと思っている。そして、それを引き続けることが、自分の勤めとさえ感じる。生きとし生けるものへの慈しみがあってはじめて、自然のかすかな音や動きに敏感になれる。

消えた足跡　Unsichtbare Spuren

やわらかな日差し
やさしい風
その中を
私のかたわらを這っていく蛇
私におだやかな笑みがうかぶ

やがて陽がかたむき
柳の影もかたむく　すると
私のかたわらを去っていく蛇
私は思わず息をのむ
驚嘆だけが跡にのこる

「あなたのやさしい声がふるえる
わたしは歌うときとっても幸せ」

ナイチンゲールの鳴き声は甘く、優しい。震えるようにかすかだ。風と海がもっと静かだったら、と思うことさえある。昼も夜も美しく鳴くので、ヨーロッパでは、多くの文学に取り上げられている。上面は暗褐色、下面は灰色の地味な鳥で、低地の広葉樹林、繁った藪に棲み、しかもほとんどその姿を見せない。ちなみにドイツの首都ベルリンにはあまた生息する。

ナイチンゲール　Nachtigallen　～クロアチアの海岸沿いで～

クロアチアの海岸
海が湧きこぼれている
松と樫(かし)の木の間から

海鳴りとともに風が運ぶのは
もしや　もしや
ナイチンゲールのさえずりかしら

やっぱり　ナイチンゲールだ
「あなたをまっていたの」
わたしがひそかに呟けば

またたくまにうすれる
香りと翳り
そして失せる苔のひかり

だからもう別れをつげよう
わたしは不愛想に宿へと急ぐ
響く光をあとにしていそぐ

半世紀も前のこと、京都にしばらく滞在して、苔寺を毎日飽かずに訪れたことがある。ある時、苔におちる陽と影の戯れを見て『無常観』という意味を知る思いだった。幽玄というのだろうか、神秘的で、幻想的な瞬間を、人ひとりいない庭で体験できたことは、生涯忘れえぬ思い出となった。

苔寺　Kokedera

暖かく湿った庭の
草木　そして　苔

みどりの香りがただよう
みどりの絨毯がひろがる
咲く花のかわりに

咲く花のかわりに
今日をいろどる苔
みどりの香りと翳(かげ)り

しかし樹の狭間(はざま)から
とつぜん　陽が差しこむと

あっけらかんとしたわたしを
わらっているかのようだ そして
「これが生きていることさ」と
意を得たかのようなかろやかさだ

白鳥は、その白い羽が目立つため、より安全な中洲を選び、静かに巣をまもる。かたやロビンは、声量のある太い声でさえずり雌をよんでいる（ロビンに似たノゴマは、主に北海道に夏鳥として渡来し、平地から高山の低木林に棲む『日本の野鳥』）そして鶯も情熱的に鳴く。静かなようでとてもにぎやかな朝の一時。自然の勢いに圧倒される。サン・サーンスは、偶然にもこの地域をおとずれ、『白鳥』（『動物の謝肉祭』から）を作曲したそうだ。

白鳥　Schwänin

葦(あし)のしげる中洲で
金色のオーラに包まれ
巣を守っている白鳥
ロビンのたかい鳴き声が
沼地から響いてくる
金色の陽にあたたかく包まれ
わたしの顔もほてる

だが　ふとふりかえると
巣を守っていた白鳥は
何の音もたてず
滑るように水面を泳いでいる

ヴィパーはニホンマムシにとても似た毒蛇である。向こうから積極的に近づいて咬むということは、ほとんどない。藪や水辺周辺の草地に生育するカエル、トカゲやネズミを主食とする。蛇は地面の振動にとても敏感でとっさに姿を消すが、くねりながら前に進む時、草の擦れる音がきける。その時に、逃げてゆく蛇の後姿を観察できたら、わたしはほっとする。そのあと、草が申し合わせたかのように元の姿勢にもどる。何もなかったかのようだ。早朝、陽で体を温めるために、小径の真ん中に寝そべっている姿を見かけるが、私たちが静かに見守れば危険はまったくない。

ヴィパー　Kreuzotter

畔で出会ったヴィパー
身動きせず寝そべったまま
なにを狙っているのか
あるいは陽を乞うのか

畔で出会ったヴィパー
なぜかわたしの胸は高鳴る
一匹の生命に出会えた喜びゆえか
そのいのちが守られた悦びゆえか

ヴィパー
ヴィパー
春は小径からやってくる

白黒まだらのふさふさとした冠（頭巾）を付けたハウベンマイゼは、平地から山地の林にすみ、森林の樹冠部に待機して昆虫や蜘蛛をとる。背の羽は薄茶色で、トウヒ（またはスプルース）や松林に棲む（全長十一・五センチ『ヨーロッパの鳥類』）カラ類シジュウカラ科に入るが、ほかのマイゼのように混群しない。留鳥として棲む日本でのシジュウカラと似ている。頭巾をつけていなくても少し大きめだ（十四・五センチ・フィールドガイド『日本の野鳥』）鳥の中でもいち早く春を告げるハウベンマイゼは、木の多い市街地にも混群をつくり、大半は留鳥である。

雪の中の小径　Pfade im Schnee

太陽に誘われ
ハウベンマイゼがうたう
太陽に負けじと
ハウベンマイゼがうたう
そのコーラスが森にこだまし
雪のうえにひびく

ハウベンマイゼにさそわれて
わたしたちもほほえむ
ハウベンマイゼにこたえて
かたい蕾(つぼみ)がほころび
雪のなかに花がさく

冬　〜オーストリア　ツェル　アム　ゼー〜	50
湖の雪	52
灰色	54
ザルツァハ川のボート下り	56
嵐	58
嵐の後で	60
酷寒(こっかん)	62
太陽ってそんなものだ	64
朝露	66
里山の草花	68
感謝	70

水辺の散歩	24
長雨	26
焼けつく暑さ	28
蝉の声 〜クロアチアのオリーブ畑で〜	30
人生の詩	32
閑かな秋	34
秋の思索	36
浮薄な雛罌粟(ひなげし)	38
朝靄(もや)	40
時を求めて	42
霧景色 〜ノイ・シュバンシュタイン城を望んで〜	44
長い一日の短いスケッチ	46
忠誠 〜愛犬 光の君に〜	48

目次

はじめに ... 3

詩

雪の中の小径 ... 10
ヴィパー ... 12
白鳥 ... 14
苔寺 ... 16
ナイチンゲール 〜クロアチアの海岸沿いで〜 ... 18
消えた足跡 ... 20
天気合(てんきあい) ... 22

ためには不可欠なものだと感じています。詩は、偽りのない感情のつぶやきであり、まごころからの言葉の贈り物です。どこぞへと吹きゆく言の葉が、お読みくださる方とのこころの橋をわたってくれますよう祈ります。

ドイツ語の部分では、詩が生まれた経緯について、私個人の見方を、散文に書き表しましたが、和訳の部分ではそれは省きました。詩歌の伝統を、学校で学んだ日本の方には、おそらくは今も昔も共通する心性と感性が根づいていると思われるからです。十七文字からできた一行詩である俳句の場合と同じく、作者の意図を、それとなく感じていただき、詩の行間に広がる映像と余韻を自由に味わっていただけたら嬉しく思います。しかし、ここに載せられた詩の『注』では、日本に生育しない動・植物や地形また自然現象を、いくらかお判りいただけるように、説明をこころみました。日本語の詩は、直訳を避け、意訳をこころがけました。

拙本が、言語学の先生や豊かなご経験をお持ちの方の厳しい目に正され、不備な点をご教示いただけることを切に願っております。

自然と面して言葉を探すおりに、その難しさを痛感する一方、同時に、今度は自作を訳すとき、二か国の言葉へのかけ橋が私には必要になります。自分の感じたものが、詩の形をとった時、それは日本語なり、ドイツ語なり、本来の言葉の響きを持ってほしい、と願ってはいますが、私は言葉にふりまわされて、なかなか自由になれず、ためらい、不安になります。そんなときに、かけ橋が丈夫なら、向こうの岸に、たしかにたどり着けるでしょう。両言語では、文の構造、表現方法があまりにも異なるためはまた分からなくなることも体験します。あるとき、分かったような気がしても、次の瞬間にふいに消え去ることもあります。それは、私が、違う言語の世界を、同時に見ながら、行き来し、感じたり考えたりするからかもしれません。ある瞬間に盛り上がった詩情を、当の本人が、距離を置いて思いおこし、しかも別の場所に（ドイツ語から日本語の世界へ）よみがえらせることは容易ではありません。日常生活の場合にもそれは経験することです。
　しかし、この詩集を纏めるにあたり、ドイツ語で受け止めたときの、印象的な瞬間を、あらためて日本語で表現する試みは、貴重な体験となりました。どの言語にもそれなりに豊かな表現力と文章作法がいっぱいに備わっていますし、何もかもが詩作の

引くのです。すると、何かささやきが聞かれるようになります。ふと気づくと、それがだんだんふくらみます。そしてつぎの言葉をよびます。すると、いつのまにか、言葉どうしが互いに補い合い、行をなします。そんな状態では、自然から得た体験は、まだ内に秘められたままで、はっきりと、詩として聞き分けられるわけではありません。しかし、言葉が連なり、行をなすと、何を言いたいのか、はじめて自分に分かるようになります。

自然に浸るとき、それは表面的な観察だけに終わらず、奥の動きに貫かれるようです。ただ、自然は、一つの総合体ですから、しばしば作品の舞台そのものになります。自然は、いつもその背景にあり、曰く言い難い。人間に作られた言葉では、とてもとても表現し難いと思います。しかし、詠嘆、感動の涙、驚嘆、ため息、また湧きいずる言葉のささやきが、自分に働きかけ、同時に映像が浮かび、それが、まさしく体験した場面とかさなりあうとき、私は心のほてりを改めて覚えます。そしてその光景から音が聞こえ、旋律がながれ、その反響が確かめられます。それは、自然の力であり、動きなのです。肉眼には、静と動としてしか見分けられないこともあります。あるときは、実にダイナミックで、つかみ難いし、また、あるときは、掌にも載れる、ちいさな動・植物だったり、あるいは、顕微鏡で観察してはじめて見られる微生物だったりもします。

はじめに　Vorbemerkung

言葉のかけ橋　そして　こころの橋

　私の母国語は日本語ですが、時にふと、日本で過ごした幼少・青春期の思い出が浮かぶ以外は、日常はドイツ語で生活しています。ですから、感覚的に微妙な違いのある二つの世界で、同時にものを考えることもあります。母国語でのアイデンティティーを守る一方、他方では外国語でのアイデンティティーが侵されないように、あるいは失われないようにするため気を配ります。が、それがどれほど成功していますか？ それに答えられないまま、日常の慌ただしい生活に押し流されて、はっきりとしたことは自分でも分からないまま、今にいたりました。しかし、詩を書く時、突然その二つの言語の世界にかけ橋があることに気づくのです。

　詩を書くために、私は机に向かうことはほとんどありません。私の場合は、自然の人たちが体験するでしょうが、その時々の雰囲気から湧き出ます。詩は、ほとんどの人の中を歩いているとき、無意識に生まれます。ただ、一つ一つの出来事が、私の関心を

阪本美紀

詩　響く光

自然に浴して